Christiane Büch und Thomas Gehm

Inspirationen für den Rosengarten

Christiane Büch und Thomas Gehm

Inspirationen für den Rosengarten

Ein Bilderbogen in 101 Themen

237 Farbfotos

Herzlichen Glückwunsch zum
70er
Sandl, Gerda, Vati, Angie
+ Lucky & Katzen

E.U.
VERLAG
EUGEN
ULMER

Dank

Titelbild: Ellen Fischer, Weisenheim
Umschlagrückseite und Frontispiz: Hans Reinhard, Heiligkreuzsteinach

Ein Buch wie dieses zu machen, ist ähnlich aufwendig, wie einen großen Garten anzulegen. Es braucht Zeit, Geduld, das Wohlwollen und die Hände vieler Menschen.
Jetzt, wenn ich diese Zeilen schreibe, ist das Werk fast vollbracht, und ich möchte allen beteiligten Menschen für ihre Mitarbeit danken: Den Gartenbesitzern hier und in England für die Erlaubnis, zu fotografieren; Doris und Ines sowie Ilse Tamm für Nachhilfe in neuer deutscher Rechtschreibung und für Schreibarbeiten.
Dank an Wilhelm Kordes für seine Hilfestellung und unserem bedeutenden norddeutschen Rosenkenner Ingwer J. Jensen für seine spontane Bereitschaft, sein prüfendes Auge für die Sortenbestimmung besonders Alter Rosen und seltener Rosen zur Verfügung zu stellen.
Ganz herzlich danke ich Thomas Gehm, dem Mann an meiner Seite, für seine Bereitschaft, meine Pflanzen-Kapriolen mitzutragen, für seine Spontanität, zu fotografieren, wenn Rosenhochzeit und Fotowetter »zufällig« zusammenfielen, fürs Korrekturlesen und die vielen kleinen und großen Hilfestellungen.
Als Dankes-Symbol möchte ich Rose 'Stämmler' des Rosenzüchters Tantau (1930), nach einem meiner gärtnerischen Vorfahren so benannt, an den Anfang dieses Rosenbuches stellen.

5

Inhalt

Vorwort

Rosen zum Empfang

Die Schönheit eines Gartens zeigt sich bereits am Gartentor. Schon an der Schwelle spürt der Besucher die Aura einer Gartenanlage, ahnt etwas von ihrem Wesen und Geheimnis. Ganz zu Recht bezeichnet man deshalb auch den Vorgarten als die Visitenkarte eines jeden Hausbesitzers.

Rosen bilden mit ihren vielfältigen Wuchsformen ein ideales Empfangskomitee: als kräftige Büsche, raumbildende Hecke, als Blütenteppich und duftende Wegbegleiter oder als romantischer Blütenrahmen für die Hausfassade und die umgrenzende Mauer – sie sind eine Zierde für jeden Vorgarten. Selbst dort, wo sie ihre Ranken und Blüten über eine abweisende Mauer strecken, heißen sie den Gast herzlich willkommen. Die Blüten sprechen von Wärme und Liebe. Andererseits grenzten sie – mit Dornen bewehrt – eine Gartenanlage ab. Ihr unüberwindbarer Schutzwall ist wirkungsvoller als mancher Zaun oder manch eine Mauer es sein könnte.

Allein Rosen bieten diesen enormen Spannungsbogen gegensätzlicher Eigenschaften: voll süßem Duft verführen sie, mit zähem Holz trotzen sie, und mit spitzen Dornen wehren sie ab. Ihr Stil ist leidenschaftlich und kämpferisch!

Vielen Rosen-Sorten sieht man ihren urwüchsigen Charkter nicht mehr an. Die immense Vielgestaltigkeit der Arten und Sorten ist zu einem scheinbar undurchdringlichen »Dschungel« angewachsen. Die Auswahl ist groß und unübersichtlich. Um so wichtiger wird es, sich an beispielhaften Anlagen zu orientieren. Dieses Buch will Einblicke in Rosengärten geben, die liebliche, eigenwillige, mächtige, bescheidene und prächtige Gestaltungen mit Rosen zeigen, so dass der Ausblick auf den eigenen kleinen oder großen, bescheidenen oder prächtigen, alten oder neuen Rosengarten mit Rosenlust verbunden ist.

Harte Hausecken werden weich von Rosen umspielt und ein rosiger Bankplatz lädt ein zum Entspannen und Träumen. In manchen Gärten geht es wie bei 'Dornröschen' zu.

Einleitung
Wegweiser zum Rosengarten

Die Rose wird in unserem Kulturkreis »Königin der Blumen« genannt. Keine andere Pflanze stand so oft im Mittelpunkt von Liedern und Gedichten, wurde so oft gemalt oder in Stein gehauen. Jeder wird ein anderes Bild vor Augen haben, wenn wir über Rosen sprechen. Aus der beliebten, einfachen fünfblättrigen Schalenblüte hat sich eine unüberschaubare Vielfalt verschiedener Rosencharaktere entwickelt. Tausende Rosenblüten präsentieren sich in den Katalogen, vielfältige Wuchsformen werden angeboten und Lösungen für fast jeden Standort vorgestellt. Der betäubenden Vielfalt und der betörenden Schönheit der Blüten ausgesetzt, stellt sich die Frage, welche Rose nun für den eigenen Garten geeignet sein könnte? Die Frage kann fast niemand auf Anhieb beantworten. Nach der ersten »Wunschkandidatin« werden die vielen anderen genannt, auf die man nur ungern verzichten möchte. Hier sind nun rationale Argumente gefragt: Standortfragen und Gestaltungswünsche müssen formuliert werden, damit man die Rosen-Sorten findet, deren Eigenschaften mit den eigenen Wünschen harmonieren.

Die langweiligen, verkrampft wirkenden Rosenbeete der Sechziger- und Siebzigerjahre brachten die Rose in Misskredit. Die immense Vielfalt, die Wildrosen, Alte und Englische Rosen bieten, musste erst wieder ins Bewusstsein gerückt werden, um sie als Pflanzen für die verschiedenen Gartensituationen wieder zu entdecken.

Rosen brauchen, um ihre Schönheit zeigen zu können, eine Begleitpflanzung – was ist schon eine Königin ohne Hofstaat? Doch da gibt es feine Unterschiede, schließlich präsentiert sich eine Königin auf dem Reitplatz anders als auf dem Tanzboden. Die Umgebung muss zu dem Erscheinungsbild der Rose passen. Im Idealfall bilden der ökologische Standort, die architektonische Gestaltung und das Umfeld zusammen mit dem Charakter ein harmonisches Ganzes.

Dieses Buch zeigt Gestaltungen mit Rosen vieler Couleur in ganz unterschiedlichen englischen und deutschen Gärten, die mein Mann, der Fotograf, und ich besucht haben. Einige Gärten habe ich entworfen und umgesetzt. Ihre Besitzer haben sie gepflegt und weiterentwickelt. Man wird also Rosen-Traumbilder finden, die einer anspruchsvollen gärtnerischen Tätigkeit bedürfen, und andere, die einem realistischen Amateurgärtner-Alltag entstammen.

Spazieren Sie nun mit uns durch die Rosengärten, und lassen Sie sich Gestaltungsideen und Aspekte vermitteln. Blättern Sie um, uns erwartet ein feinsinnig gestalteter Rosengarten in England, der Sissinghurst Castle Garden.

Rosengestalten können sehr unterschiedlich daherkommen. Ihre Charaktere zeigen typische Merkmale einer Epoche, denn auch Rosen-Züchtungen unterliegen Moden. So präsentieren sich großwüchsige Züchtungen vor und um 1900 vorzugsweise mit nickenden, stark duftenden Blüten, die dem Betrachter zugeneigt sind, wie die legendäre Teerose 'Maréchal Niel' es hier zeigt.

Die Rundreise

'Meg' – ein Rouge für Sissinghurst

Oft ist bei diesen großen Gärten noch ein Stück zu gehen, um den Rosengarten zu erreichen, und das Eingangsgebäude mit seinen verschiedenen Kletterrosen will auch in Ruhe angeschaut werden. Ja, es zieht meinen Rosenblick geradezu an. Dazu trägt ganz wesentlich eine Rose bei. Es ist 'Meg', eine leicht duftende, pfirsichfarbene Kletterrose. Sie überzieht das sanft ziegelrote alte Mauerwerk und wirkt wie Rouge auf müder Haut. Mit 'Meg' ist hier eine wunderbare Harmonie entstanden. Farbnuancen der Pflanzen – wie dem leichten Ziegelrot der Knospe, verblassend bis zum cremefarbenen Rosé über gelbliche Schattierungen mit kupferfarbenem Auge – erweitern das Farbspiel der Mauer, bringen sie zum Leuchten. Diese ungeheure Sensibilität im Umgang mit Architektur und Pflanze kann der Betrachter in der gesamten Anlage genießen. Heute wird der Garten ganz im Sinne der Schöpfer dieser hohen Gartenkunst vom National Trust betreut.

Die Schriftstellerin Vita Sackville-West (1892–1962) und ihr Mann, der Diplomat und Journalist Harald Nicolson (1886–1968), legten diesen Garten an. Sie haben 1930 angefangen, das nur noch teilweise vorhandene, verfallene Anwesen, dessen erster Grundstein bereits im 11. Jahrhundert gelegt wurde, zu renovieren. Mit diesem sehr kurzen geschichtlichen Abriss will ich nur andeuten, dass die Bauherren verschieden alte bauliche Substanzen vorfanden, die mehr oder weniger brauchbar waren und teilweise von alten Schutzgräben umgeben wurden, eingebettet in eine sanfte Senke der hügeligen Landschaft.

Die Gartenräume wurden streng architektonisch gegliedert. Hohe Hecken und Mauern schaffen voneinander unabhängige Bereiche, die durch Einblicke und Durchblicke Geheimnisse ahnen lassen. Die folgenden Seiten bilden die rosigsten Gartenzenen aus dem Sissinghurst Castle Garden in der Grafschaft Kent, Südengland, ab.

Von Rank- und Kletterrosen umspannte Hauswände verleihen dem Gebäude eine besondere Aura, zur Hochblütezeit ist es mit einem Festtagskleid vergleichbar. Auch bereits attraktive Fassaden bekommen zusätzliche Schönheit, und sogenannte Bausünden können »weggeschminkt« werden.

'Blossomtime' – den ganzen Sommer hindurch

Das Eingangsgebäude, die Bibliothek, durchschreitend, komme ich in den ersten großen, fast rechteckigen, von hohen Mauern umgebenden Gartenteil. Die Mitte wird durch eine Rasenfläche gebildet, die von einer Wegachse durchschnitten wird. Die Mauern sind bepflanzt, umrankt und werden von verschieden breiten Beeten umgeben.

Wie in allen Bereichen dieses Gartens ist keine Pflanze zufällig hier, so kann das Farbthema nicht ins Wanken kommen. Dieser Gartenraum wird von sanften, leichten Tönen geleitet: Zartrosa Fliedertöne, helles Gelb, sanfte Blautöne und wenig dunkle Rottöne werden von verschiedenen grünen Blattfarben mit einer Tendenz zum Hellen, in silbrigem und grauem Grün, umgeben.

Die Abbildung zeigt das südliche Ende des Bibliotheksgebäudes mit einem Stelldichein von zwei lieblich harmonierenden Rank- und Kletterpflanzen an dieser uralten Mauer mit den bleiverglasten Fenstern. Ich bin ganz hingerissen von Rose 'Blossomtime' und dem Geißblatt, *Lonicera splendida,* deren grau-blaues Blatt zusammen mit der grüngelblich rosaweißlichen Blüte das Bleigrau des Fensters mit den Farben der Wand und der Rose verbindet.

Rose 'Blossomtime' (O' Neal/Bosley 1951) ist sehr starkwüchsig und kann 2,50 m hoch werden. Sie ist eine Dauerblüherin, duftet stark und hat weiches, mittelgrünes, glänzendes Laub. Als Strauchrose – freistehend wachsend – ist sie von hübscher Gestalt und sehr wirkungsvoll.

Einen Flirt über die Mauer wagt die kleinblumige Kletterrose 'Veilchenblau' aus dem Rosengarten nebenan und reckt ganz oben, in der linken Ecke, kokett ihre Blüten herüber. Wir nehmen uns später für sie noch etwas mehr Zeit

Hier verdeckt der weißblühende Busch, die Zistrose 'Elma', den kahlen Fuß der 'Blossomtime'und verlagert den Schwerpunkt der Pflanzensituation an die Treppe. Malerisch eingewachsen sind die Stufen. Auch die kleinen gelbblühenden Nelken auf der gegenüberliegenden Seite betten die Szenerie ein. Übrigens sind gerade die hellen Gelbtöne sehr delikat in dieser Komposition. Sie setzen kleine Lichtpunkte. Ein kräftiger Reiz geht von der Unterpflanzung dieser Gruppe mit blauen Hornveilchen aus. Hornveilchen, *Viola cornuta*, sind mehrjährige Stauden. Einige blaue Sorten sind 'Angerland' – zart lilablau, 'Blaue Schönheit' – leuchtendblau und 'Gretchen Hein' – hellblau mit silbrigem Schimmer.

Erst durch viel Liebe zum Detail entsteht Schönheit. Dazu gehören sorgfältig ausgewählte und ausgeführte handwerkliche Lösungen genauso wie die fein abgestimmte Pflanzenauswahl.

Von Türkis gereizt

Der Gebrauch von Töpfen und Pflanzgefäßen jeglicher Machart im Garten will sorgfältig bedacht werden. Ihr Charakter sollte zum Stil von Haus und Garten passen, und die Pflanzen müssen sowohl mit dem Gefäß als auch mit dem benachbarten Pflanzengewirk harmonieren.

Ein langgezogener, rechteckiger, einerseits von Mauern, andererseits von großen Eibenhecken begrenzter Gartenraum erwartet uns. Noch auf der Treppe, am Fuße des großen Turmes nach rechts geschaut, wird deutlich, dass hier ausgefallenere Farbkontraste vorherrschen.

Wie raffiniert reizen das Graulaubige, das Türkis und das Hellblau die warmen Rosatöne. In anderen Gärten trifft man 'Albertine', eine lachsfarbene Traumrose, meist umgeben von Weiß- oder Blautönen, aber nicht hier.

Hier sprüht immer noch der Geist von Vita Sackville-West. Immer sind die Lösungen ungewöhnlich und aufregend – oft bis zur Dissonanz vorangetrieben.

Noch etwas kann man aus diesem Garten gut lernen. Ich meine den Gebrauch von Kübeln, Schmuckgefäßen und Skulpturen. Nie werden sie hier in Konkurrenz zueinander stehen – ganz im Gegenteil, da sichUngleichheit ergänzt. Schmuckvolle Töpfe mit Skulpturcharakter sind mit unscheinbaren Pflanzen besetzt, während eher unscheinbare Töpfe aufregende Bepflanzungen aufweisen. Und immer sind die Inhalte mit dem Umfeld in Abstimmung, stehen manchmal sogar im Topf und im Beet, wie es hier die rosa Margeriten und die hellblauen Euphorbien zeigen, umspielt von vielen kleinen grau-blauen Fiederblättchen des Stachelnüsschens, *Acaena magellanica*.

Wo sollten die »Thymian tragenden Löwen« besser stehen als im Kräutergarten? Dort, wo die vielen bescheiden auftretenden Gewürz- und Arzneikräuter im Extragärtchen Quartier finden, wurde diese Skulptur mit starker Symbolkraft geschaffen.

In der Nachbarschaft der Kletterrose 'Albertine' und dem türkisfarbenen Kupferkessel wächst und spielt die lieblich anmutende *Clematis* 'Etoile Rose' ins Geäst und schafft Verbindung zur nächsten Kletterrose an dieser Wand, zur zart zitronengelben, fast weißen 'Paul's Lemon Pillar' (Paul 1950). Leider ist diese duftende, sogar regentaugliche, üppig wachsende Schönheit sehr frostempfindlich und nur einmal blühend. Rose 'Albertine' (Barbier 1912) zeigt ihre süß duftenden Blüten nur einmal im Jahr, sie ist sehr stark- und starrwüchsig. Sechs Meter und höher wächst sie, ist von mittlerer Frosthärte und leidet leicht unter Mehltau.

...noch im weißen Garten

Bei der Gestaltung des weißen Gartens fällt auf, dass nicht nur die Klarheit in der Farbgebung vorherrscht, sondern auch die Pflanzen-Arten voneinander getrennt in ihren Quartieren, jeweils von einer Buchsbaum-Hecke umgeben, stehen.

Hier ist Ruhe. Zu finden ist manch weiße Variation einer Pflanzen-Art, von der man überrascht ist. Zum Beispiel das Weidenröschen, das wir bei uns als Wildpflanze rotviolett lodernd in großen Mengen an Waldrändern und auf Kahlschlägen antreffen. *Epilobium angustifolium* f. *albiflorum* wächst mit seinem schlanken Habitus bis 1,5 m hoch. Lupinen, die sonst bäuerlich wirken, sehen hier elegant aus und machen sich hervorragend auch in der Nachbarschaft zu weißen Pfingstrosen. Imposant dagegen sind Pflanzen, wie die silbergraue große Distel oder der riesige Blütenschleier von Meerkohl.

Als niedrige, weißblühende bodendeckende Pflanzen gibt es Immergrün, Ehrenpreis, Lungenkräuter und Nessel-Arten. Weiße Astilben, Malven und Glockenblumen sowie auch Gräser stehen hier. Es sind die blaugrauen Arten der Gräser und Federgräser – die elegantesten, die man sich vorstellen kann! Und dann natürlich Lilien.

Ein weißer Rosengarten wie dieser ist von großer Besonderheit, das merkt wohl jeder, der diesen Garten erlebt hat

Aufstrebende Blütenstände, wie von Weidenröschen, Fingerhut, Lupinen, Ehrenpreis, Schnee-Felberich, Königskerzen, Silberkerzen, Rittersporn, Eisenhut und Federmohn, sind elegant und klar wirkende Begleitstauden für Rosen.

Zwiegespräch mit dem Sperling

Ich habe den weißen Garten über den Westausgang verlassen und betrete einen kleinen, halbschattigen, etwas unüberschaubaren Gartenbereich. Dankbar nehme ich auf einer leeren Gartenbank Platz.

Benommen und andächtig innehaltend vergegenwärtige ich mir noch einmal das Erlebte in seiner Abfolge, fühle nach, denke nach und meine, es ist ein Unterschied, ob ich weiße Blumen mag und mir davon einen Strauß ins Zimmer stelle, oder hier und dort einmal eine weißblühende Pflanze in meinem Garten habe, oder ob mein ganzer Gartenraum von weißen Blumen beherrscht wird.

Natürlich haben weiße Blumen oft Tendenzen zu einer anderen Farbe: leichte Tönungen im Knospenstadium, oft gelbe Staubgefäße oder Schattierungen im Blütenboden. Und sie haben natürlich die Grüntöne ihrer Blätter und Färbungen der Rinden. Es gibt Insektenflug, den Gesang der Vögel und die Düfte. Und so ist ein weißer Gartenraum sicher nicht gleichzusetzen mit einem weißen Wohnraum und lässt sich bestimmt nicht mit einem Krankenhaus vergleichen. Aber es ist gut zu spüren, dass Farben schwingen und Stimmungen beeinflussen können. Vielleicht ist dieser Garten ein Spiegel, vor den man sich stellt, um sich zu ordnen und zu korrigieren.

Ein weißer Garten ist nichts Einfaches. »Was meinst Du dazu, Spatz?« Der muntere kleine Vogel hüpft um meine Füße herum. »Sorry, my dear, ich habe keine Brotkrumen dabei.« Ich schaue auf den Boden, auf die offensichtlich neu verlegten Klinker. Schönes Farbspiel – wie sollte es hier anders sein – passend zum Umfeld. Es ist ein ruhiger Gartenbereich, hier neben dem Priest's House, und ich schaue noch eine Weile auf das Kletterrosenspiel am Stamm des Obstbaumes.

Das Bestimmen von Rosen-Sorten ist schwer, schließlich gibt es Tausende. Aber oft kann man mutmaßen, welcher Abstammung eine Rose sein könnte. Diese starkwüchsige mit grau-blau-bräunlichen, langen jungen Trieben und dem relativ zierlichen Blatt sieht nach einem Abkömmling von Rosa arvensis *aus. Die Rose an der Wand wird Climbing 'Madame Caroline Testout' sein.*

'Alchymist' an der Nordwand

Um Sitzplätze im Freien für die nicht ganz so warmen Jahreszeiten zu schaffen, sind Mauern besonders wertvolle Elemente in der Gartengestaltung. Sie schützen vor Wind, speichern die Wärme und bilden den Hintergrund für interessante Pflanzenspiele.

Noch einmal habe ich den weißen Garten durchquert und bin dann über einen wohl 50 m langen, schmalen Gang zwischen mannshohen Eibenhecken links abgebogen und hier stehengeblieben. »'Alchymist', du Schöne«, muss ich denken, »hätte ich doch jemals solch schöne alte Gartenmauern in meiner Tätigkeit als Gartengestalterin zur Verfügung.« Und nicht nur, dass es kaum solch alte Mauern gibt, sondern man mag bei uns diese Form der Einfriedung nicht, jedenfalls ist es selten, dass jemand die Qualität von Mauern in der Gartengestaltung erkennt. Die Angst vor ihnen scheint groß zu sein.

Gartenmauern schaffen geschützte Gartenräume, speichern die Wärme und können einen idealen Hintergrund für manches Theaterstück aus Gärtnerhand bilden. Man denke nur an die Schönheit von Obstspalieren. Das ganze Jahr hindurch erfreuen sie mit ihren wechselnden Bildern, von der Blütenpracht im Frühling über die schmuckvolle Fruchtphase bis zum skurrilen Winterbild des Gehölzes. Südwände bieten sich hierzu direkt an. Die einmal blühende, duftende Kletterrose 'Alchymist' (Kordes 1958) hat an einer fast reinen Nordwand ihren Platz gefunden. In der Wirkung wird sie stark beeinflusst von einem grünweißblättrigen Pfeifenstrauch, *Philadelphus coronarius* 'Variegatus'. Rosen bevorzugen eigentlich sonnige Standorte, aber 'Alchymist' ist flexibel einsetzbar. Auch in Bäume hoch hinaufrankend habe ich sie gesehen.

Ähnlich verhält sich 'Gloire de Dijon' (Jacotot 1853), die einzig winterfeste echte Teerose, mit einem wunderbaren Duft nach reinstem Rosenparfüm. Stark rankend und immer wieder blühend, mit ledrig aprikosenfarbenen Blüten, ist sie eine aparte Spielerin zwischen großen Wildrosensträuchern, die später einen roten Hagebuttenschmuck tragen, wie z. B. *Rosa moyesii* und *Rosa glauca*. Denn sie ist eine intensive Herbstblüherin und es sieht wundervoll aus, wenn hier und dort aus einem Hagebuttenberg Ranken von 'Gloire de Dijon' mit Blüten heraushängen. Auch zwischen Schmetterlingssträuchern jeder Couleur ist sie willkommen sowie zu großen malerisch wachsenden *Cotoneaster*-Arten und zu Feuerdorn.

Wisterien
sind wunderbar

Bevor wir nun gleich durch das schöne Tor zum Rosengarten von Sissinghurst treten, um endlich in die Duftwolken und das Farbspiel dieses Terrains einzutauchen, lege ich eine kleine Farben-Verschnaufpause ein und schlendere den sogenannten Grabengang hinunter, wo im Frühjahr die Azaleen in Gelbtönen »jubeln«.

Nun schlängelt und türmt sich hier, auf der gegenüberliegenden Seite des Azaleen-Beetes, neben einer Reihe von Mauerblümchen wie *Erysimum* 'Bowles Mauve', eine wunderbare weiße Glyzine, *Wisteria floribunda* 'Alba', auf dem Mauerkopf entlang. Acht bis zehn Meter hoch kann das relativ schnellwüchsige Gehölz emporklettern und dabei Abflussrohre und Dachrinnen umschlingen und auch deformieren. Darum gebe man ihr besser Gehölze und kräftige Drähte, die sie umschlingen kann. Ich erwähne diese Pflanzen-Art, weil ich sie als einen guten Partner zu Rosen empfinde, besonders für Südlagen, an Terrassen und Pergolen für Schattendächer, denn die Glyzine ist sehr gut sonnen- und hitzeverträglich, was man von Rosen nicht unbedingt behaupten kann. In zu heißen, geschützten Südwestecken, wo kein Lüftchen weht, sind Rosen krankheitsanfälliger als in windumspielter Lage. Wisterien in bläulichen Tönen, in Rosé und in Weiß passen wegen ihrer gegensätzlichen Blütenform gut und sind ihrer zurückhaltenden Farbgebung wegen sanfte Partner zu Farben der Frühlingsrosen. Die Glyzine ähnelt dem Lavendel in seinen Farben und seiner mediterranen Ausstrahlung. Lavendel und andere Gewürzkräuter, die dem Mittelmeerraum entstammen, würden ein Wisterien-Frühlingsrosen-Spiel in Südlagen gut weiterführen. Dazu könnten Stockrosen, Spornblumen und Blaustrahlhafer das Sommerbild vervollkommnen.

Für das Gegenteil, für reine Nordwände, sind Kletterhortensien attraktive Gehölze mit selbsthaftenden Zweigen. Im Alter dienen sie anderen rankenden Pflanzen als Kletterhilfe. Kletterhortensien mögen keine heißen Wände, gerne bewachsen sie aber auch alte Bäume in Südlagen.

Nun heißt es aber wirklich auszuatmen, um beim Eintreten in den Rosengarten von Sissinghurst den Duft aufnehmen zu können.

Neben dem Tor zum Rosengarten bewachsen Kletterhortensien die Nordwand und dienen der scharlachroten Platterbse, Lathyrus rotundifolius, *als Kletterhilfe.*

Rosa ist Trumpf

Gartenbereiche mit rosafarbenem Blütenspiel bekommen durch rötliches, hellgrünes, tief dunkelgrünes, silbergraues und panaschiertes Blattwerk in der Nachbarschaft eine feine, weiche oder auch elegante Note.

Von Weiß nach Zartrosa bis Magenta, über Perlmuttrosa, Blassrosa und Cérise, Purpurrosa, Karmesin zu Bourbonrosa, das sind die Rosenfarben der alten und ursprünglichen Sorten – das sind die Rosenfarben mit sagenhaften Duftquellen der Bourbon-, Damascena-, Noisette-, Gallica-Rosen und der Zentifolien.

Das Erscheinungsbild der Zentifolien erinnert an Damen vergangener Zeiten, die mit duftigen, aber voluminösen Röcken ausstaffiert waren. Die Zentifolienblüte zeigt ihren »weiblichen« Charme verführerisch und wirkt zugleich zurückhaltend und »zugeknöpft«. Die Stimmung schwingt in sanfter Weise, »leise plaudernd« nicken die schweren Blütenköpfe am Strauch, begleitet von tausenden kleinen Blüten in Blau, Violett und Hellgelb. Einem barocken Fest in der Üppigkeit nicht nachstehend bin ich verführt zum Träumen.

Trotz einer Gartenszenerie, die eigentlich nur auf gelbe Rottöne, dunkles Gelb und Orange verzichtet und sich sonst der ganzen Farbpalette bedient, habe ich hier nicht das Gefühl, in einem bunten Garten zu sein, sondern in einer harmonischen Vielfalt – wieder präsentiert sich die hohe Kunst der Schöpferin Vita Sackville-West.

Während vom Cottagegarden noch 'Parkdirektor Riggers' über die hohe Mauer herüber winkt, wird die Ecke von der hellgelben duftenden Noisette-Rose 'Claire Jacquier' (Bernaix 1888) gefüllt. Sie hat mittelgroße Blüten, die den ganzen Sommer über erscheinen inmitten dieses schönen, hellgrünen Laubes mit den rötlichen jungen Trieben. Leider ist sie frostempfindlich wie alle Noisette-Rosen, aber sie verträgt Schatten und rankt etwa bis fünf Meter hoch. Rechts davon steht die öfterblühende Bourbon-Rose 'Honorine de Brabant', die von zarten kleinen Blüten der *Crambe cordifolia*, des Meerkohls, umgeben ist. Davor steht die hellrosa Damascena-Rose 'La Ville de Bruxelles' und links neben ihr 'Magenta' (Kordes 1954), eine Rose, die den ganzen Sommer blüht und gut für Hecken bis 1,50 m Höhe geeignet ist. Umspielt wird die ganze Rosengesellschaft in Kniehöhe von *Allium christophii* einem Lauch, der seine Sternchenblüten selbst im Samenstand noch lange am «Rosenhimmel» stehen lässt. Als Bodendecker wurden in dieser Ecke überwiegend polsterbildende Nelken-Arten verwendet, die einen schönen Duft verströmen.

Den Blick zur anderen Wegachse gewendet, sieht man, dass helles Gelb und Graulaubigkeit den hellrosa gefärbten Rosen eine besondere Weichheit verleihen. Es ist zu beobachten, wie alle Raumhöhen von unterschiedlichen, feinen Pflanzenstrukturen gefüllt werden.

Bestachelt
und bewehrt

Stachelig wirkende Begleitpflanzen betonen die wilde und wehrhafte Seite der Rosencharaktere. Zu den imposanten Pflanzen dieser Art gehören Artischocken, wie die hier abgebildete Sorte Cynara × hystrix.

Ich will an dieser Stelle einmal weniger auf die duftenden Blüten der Rosen eingehen, als auf ihre andere Seite, ihre Stacheligkeit, die nicht immer deutlich sichtbar ist. Im vorigen Bild haben wir die großen Rosenblüten von viel kleinblumiger Lieblichkeit umspielt gesehen. Diese Abbildung zeigt einen anderen Ausschnitt desselben Beetes ein Stück weiter links mit der gegenüberliegende Seite des Weges. Offenbart wird ein anderer Wesenszug der Rose: Ihre herbe Seite, ihre Wehrhaftigkeit.

Es ist die Rose 'Dembrowski', eine Remontant-Rose (Vibert 1849), die etwa 1,20 m hoch wird. Links davon steht Rose 'Magenta', eine kleinere dunkle Beetrose (Kordes 1954). Beide blühen öfter und duften. Der Grund warum hier die Wehrhaftigkeit der Rose mehr zum Ausdruck kommt, liegt in der Auswahl der Begleitpflanzen, die fast ausnahmslos von einer gewissen Stacheligkeit gekennzeichnet sind – und zwar in Blüten- und Blattformen.

Allen voran steht die große Familie der Edeldisteln, hier sind sie links im Bild sichtbar. Ihre Bodenansprüche sind gering, sie brauchen aber einen sonnigen Standort. Aus den Blattrosetten am Boden wachsen 0,5 m bis 1,5 m hohe Blütenstände, je nach Art und Sorte. Die einzelnen Blütenköpfe können haselnuss- oder kiwigroß sein und sind silbrigweiß bis metallischblau gefärbt. Die nächste sehr große Pflanzenfamilie präsentiert sich gegenüber mit den Blattschwertern der Iris, auch Schwertlilien genannt. Die hohe Bartiris, *Iris*-Barbata-Hybriden, eignen sich für sonnige Staudenpflanzungen zusammen mit Rosen. Genauso wie Edeldisteln leiden sie bei Staunässe und dürfen nur so tief gepflanzt werden, dass die Rhizome, die Wurzelstöcke, aus der Erde noch herauslugen. Iris entfalten ihre umwerfende Blütenpracht schon im Mai vor den Rosen und liegen bzw. stehen ihnen später mit ihrem Laub zu Füßen und eignen sich auch als eigenwillige Begleitung für andere Pflanzen.

Für den Frühling passt die Wildtulpe *Tulipa tarda* zwischen die Irispflanzen.

Die Blütensterne können durch Tuffs des etwas höher wachsenden Goldlacks ergänzt werden. Später setzen die Tulpen interessante Samenstände an, die während des Sommers ausbleichen, genauso wie die von *Allium christophii.* Die letztgenannten Pflanzen entfalten ihre Schönheit am besten, wenn sie in größerer Anzahl gesetzt werden, wie auch die Iris ihre Schönheit am besten in mehreren Sorten in einem hübschen Farbspiel zeigen kann.

Geranium und Salvia

Wir sind immer noch im Rosengarten von Sissinghurst Castle, unweit der Gartenbank, die umgeben ist von der wundervollen blauen *Clematis* 'Perle d'Azur' – manch einer wird dieses Bild kennen. Was sofort auffällt, verglichen mit den vorherigen Bildern, ist die andere Beetstruktur. Der größte Teil des Rosengartens zeigt von kniehohem Buchsbaum gefasste Beete. Für Strauchrosen ist das eine angemessene Höhe, um den meist kahlen Fuß der Rose zu verdecken.

Als Begleitpflanzen kann man nun mittel- und großwüchsige Stauden wählen, die diese Buchsbaum-»Wannen« überquellend füllen. Dazu gehören die vielen Storchschnabel-Arten, hier vertreten durch die großwüchsige, magentarote *Geranium psilostemon* mit schwarzem Auge. Es ist eine frostempflindliche Sorte, die im Herbst mit schöner Blattverfärbung aufwarten kann. Frostfest und großwüchsig, mit leuchtend violett-blauen großen Blüten bietet sich *Geranium* × *magnificum* an. Kleinblumig und sehr wüchsig ist *Geranium endressii* in rosafarbenen Sorten. In milden Wintern bleibt sie grün, wie auch die weiß-rosa und pinkfarbenen Sorten des Zitronen-Storchschnabels, der bereits im Mai anfängt, seine Blüten an hohen Stengeln über dem hübschen Laub zu entfalten. Mit 40 bis 50 cm wird *Geranium phaeum* mittelhoch und wirkt mit seinen tief dunkelbraun-roten, kleinen nickenden Blüten und seinem dunkelgefleckten Laub eher wildhaft elegant und geheimnisvoll. Auch früh blühend und leuchtend in seinem Hellviolett-Blau ist *Geranium pratense*. Dieser kniehoch werdende Wiesen-Storchschnabel und die daraus hervorgegangenen Sorten haben eine lange Blühzeit. Ein weiterer Vertreter von der Wiese ist *Salvia pratensis*, der Wiesen-Salbei, den es neben dem bekannten Blauton auch in blau-weiß, weißer und rosafarbener Blüte gibt.

Auf der kleinen Abbildung steht neben der Zentifolie 'Paul Ricault' *Salvia pratensis* ssp. *haematodes* mit seinen hellblau-violetten Blütenquirlen. Beim Näherkommen entdeckt man die Farbharmonie mit den rötlich-braunen Stengeln dieser Pflanze und den rosafarbenen Rosenblüten.

Nicht nur für den Wein ist der Muskateller-Salbei, *Salvia sclarea*, das Tüpfelchen auf dem »I«. Sein sanfter, besonders lieblich weich und doch vornehm wirkender Blütenstand, hier links neben dem Gras stehend, ist besonders für tief dunkelrote und purpurfarbene gefüllte Rosen ein Juwel. Vornehm wirkend mit seinem silbergrauen Blatt ist *Salvia officinalis*, unser Garten-Salbei, den es auch mit rötlichem und panaschiertem Blatt gibt.

Große Rosenbeete wie dieses mit den voll duftenden Zentifolien brauchen niedrige Ergänzungen in Form kleinblumiger Stauden, die zu mehreren gruppiert in Flächenwirkung gebracht werden.

Von hellem Gelb geweckt

An dieser Stelle lässt sich gut nachvollziehen, wie anders heckenumgebene Beete wirken, im Gegensatz zu flach auslaufenden Beeträndern, die mit Polsterstauden bewachsen sind (siehe Seite 32). Ein eingefasstes Beet wirkt geordneter und steifer, kann aber im Innenbereich ein mehr oder weniger eigenes, kleines Rosenmärchen erzählen. Im oberen Wuchsraum sollen die Blütenfarben der strukturgebenden Büsche harmonieren, denn zuerst gehen einem immer die Farben ins Auge.

Hier hebt sich die duftende Moos-Rose 'Henri Martin' (Laffay 1863) mit ihren karmesinroten Blüten besonders hervor. Es ist ein gewagter, weit leuchtender Farbton. Im Nahbereich ist zu erkennen, dass die gefüllten Blüten noch leuchtendgelbe Staubgefässe zeigen. Diese Tatsache hat die Gestalterin aufgegriffen und den Gelbton in unspektakulärer Weise auf die Bühne geholt mit dem gelbblättrigen Gras *Hakonechloa macra* 'Aureola' und der Scabiose ähnlichen, großwüchsigen *Cephalaria gigantea*. Die hellen, grünlichen Gelbtöne tauchen immer wieder in diesem Rosengarten auf.

Hellgrün-gelbe Frauenmantelblüten, hellgelbe Glöckchen von *Clematis tangutica* an der Wand und ganz im Hintergrund hellgelbe Kletterrosen. In der Mauerecke steht hellgelbe Schafgarbe neben dem hohen Federgras. Hellgelber Fingerstrauch und hellgelbes Heiligenkraut mit seinen vielen, vielen kleinen hellen Knopfblüten wurden gleich am Anfang der langen Rabatte gepflanzt. Der leichte Bruch des Ton-in-Ton-Gleitens von Rot-, Blau- und Violett-Tönen nimmt diesem Farbspiel die Gefahr einer Spannungslosigkeit. Wichtig ist nur, dass ein helles grünliches Gelb – also ein dezentes, zurückhaltendes Gelb – verwendet wird. Interessant ist die Gestaltung des Nahbereiches, der Schattenzone unter dem großen Rosenbusch. Im Frühling wurde er von Buschwindröschen umspielt, die ihr Blattgrün jetzt langsam zurückziehen werden (siehe Seite 41). Dafür sind Farne auf der Bildfläche erschienen und die Hornveilchen mit kräftigem Blauviolett klingen ganz wunderbar zu dem Rotton. Ein wenig später wird *Filipendula vulgaris* 'Rosea', die bereits Knospen zeigt, eine zartcremerosa Wolke auf die Ecke setzen und damit wieder mehr Verträumtheit bringen.

Auch das zweite Bild zeigt einen kräftigen Kontrast von Kirschrot und Blau. Einer Gruppe von relativ jungen Exemplaren der Strauchrose 'Ulrich Brunner Fils' wird ein Teppich aus Hornveilchen unterlegt. Im Hintergrund steht ein alter Sommerflieder *Buddleja alternifolia*, der zu einem sehr romatisch wirkenden Baum erzogen wurde.

Seien wir einmal ehrlich: die wenigsten von uns wären doch auf die Idee gekommen, dieser karminroten Rose helle Gelbtöne zur Seite zu stellen. Nun, wer genau hinschaut, findet oft Hinweise auf mögliche Gestaltungswege. Hier gab das kleine gelbe Auge der Rosenblüten Signale.

Clematis sind mit Rosen befreundet

Viele Arten von Kräuterpflanzen – besonders auch jene mediterranen Ursprungs – passen ganz wunderbar zu Rosen. Da sie sich aber in ihrer Kleinwüchsigkeit und Kleinblumigkeit der Schönen nur zu Füßen werfen können, kann man wohl von einer gleichrangigen Freundschaft nicht sprechen. Anders ist es bei Rose und Clematis. Natürlich bleibt die Rose eine Rose, manchmal bescheiden, aber meist stark und prächtig in der Ausstrahlung.

Doch die Clematis ist auch eine erhabene Pflanzenerscheinung mit vielen Gesichtern. Es gibt kleine, verspielte Formen mit winzigen, nur 1,5 cm großen Blüten in Stern- und in Glöckchenform, und es gibt große Blütenteller bis 25 cm im Durchmesser. Sie können gefüllt oder ungefüllt sein, einige Sorten duften. Es gibt niedrige Strauchformen, aber die meisten Clematis-Arten bilden mehrere Meter lange Ranken aus, einige Arten sogar bis zu 10 m und mehr. Es gibt weiße und gelbe Clematis, aber die meisten Sorten bewegen sich in der Blütenfarbe zwischen »Rotwein und blauer Tinte«. Es gibt also viele rot-, rosa-, hellblau-, blau- und violettfarbene Blüten unter den Clematis, die volltönig oder gestreift erblühen. Das erklärt auch die Freundschaft zur Rose.

Es wird deutlich, dass einmal die eine und einmal die andere mehr im Vordergrund stehen kann. Auch ineinander verwoben kann man Clematis und Rosen oft bewundern (siehe auch Seite 66).

Hier steht *Rosa gallica* 'Charles de Mills' zusammen mit dem blauen Rittersporn 'Black Knight'. *Nepeta sibirica* steht vorne und mitten darin *Clematis* × *durandii*, eine Strauchform. Im Hintergrund, an der Wand die sehr wuchsfreudige kleinblumige *Clematis viticella* und *Clematis viticella* 'Rubra', eine schöne weinrote Sorte. Es gibt weitere *Viticella*-Sorten in Rot-, Rosa- und Blautönen auch mit gefüllten Blüten. Die andere Abbildung zeigt eine von Kletterrosen bewachsene Wand, die zartrosa 'Climbing Bloomfield Abundance' (Thomas 1920) und 'Gloire de Dijon' (siehe Seite 26). Davor wächst *Clematis* × *eriostemon* mit fliederfarbenen Glöckchen. Sie wächst krautig, buschig, bis 2,50 m hoch. Die übrigens auch gebundene, üppige rosafarbene Bourbon-Rose heißt 'Madame Lauriol de Barny' (Trouillard 1868). Ihres weichen Wuchses wegen ist sie auch als Kletterrose denkbar. Davor steht noch ganz knospig die Floribunda-Rose 'Auguste Seebauer' (Kordes 1942).

Clematis ergänzen sich in ihren Wuchseigenschaften und in der Farbgebung. Man kann sie ineinander gleiten lassen oder spannungsvolle Gegensätze aufbauen - großblumige Rosenblüten mit kleinblumigen Clematis kombinieren und umgekehrt.

Fingerhut wirkt mit Rosen gut

Pflanzen wie Fingerhut und Rittersporn wirken mit ihrem aufrechten Habitus trennend. So sind sie, gruppiert gesetzt, in Staudenbeeten als Raumteiler anzusehen.

Fingerhut in seiner aufstrebenden Art mit Wuchshöhen zwischen ein und zwei Metern ist sowohl für Beet- als auch für Strauchrosen als Begleitpflanze interessant (siehe auch Seite 77). Fingerhüte sind zweijährige Pflanzen, die im ersten Jahr einen Sämling ausbilden, der im zweiten Jahr zur Blüte kommt und sich an anderer Stelle wieder versamt. Man trifft Fingerhüte durch die Selbstaussaat im ganzen Garten an, wenn man nicht eingreift und überflüsssige Sämlinge entfernt. Richtig lästig werden sie aber eigentlich nicht.

Kommen wir zu diesem letzten Eindruck aus dem Sissinghurst-Rosengarten mit der Fingerhut-Sorte 'Sutton's Apricot'. Eine andere, ähnliche, mehr rote Art heißt *Digitalis × mertonensis.* Sie ist für zartrosa, lachs- und apricotfarbene Rosen ein bildschöner Partner. Ich stelle mir dazu noch Taglilien vor, in Elfenbein, Apricot oder Mauve, ergänzt durch rötliches Blattwerk von Ahorn- und Berberitzen-Arten sowie *Heuchera micrantha* 'Palace Purple'. Auch hier stehen Taglilien im Knospenstadium und eine rote Päonie wurde im angemessenen Abstand zur großen Bourbon-Rose 'Coupe d'Hebe' (Laffay 1840) gepflanzt. Die Rose blüht öfter mit würzigem Duft – leider ist sie etwas mehltauanfällig.

Daneben wurden Gallica-Rosen gesetzt, unsere duftenden europäischen, ursprünglichen Wildrosen. Sie sind niedrigwüchsig und blühen nur einmal. Für Päonien ist ein bisschen Abstand zur Rose notwendig, denn sie hat einen ähnlichen Geltungsanspruch. Denkbar wäre, dass sich eine Rose mit wildhaftem Charakter einer großblumigen Päonie unterordnet, was nicht heißt, dass sie unter ihr wachsen müsste. Ich könnte mir die frühblühenden Strauchrosen 'Frühlingsmorgen' (Kordes 1941), die pfirsichfarben blühen, die hellgelbe 'Golden Wings' (Shepherd 1956) sowie die Wildrosen *Rosa glauca* (rosa), *Rosa moyesii* (rot) und *Rosa omeiensis* f. *pteracantha* (weiß) gut zu Päonien vorstellen.

Nun, hier gibt es auf der zweiten Abbildung noch einen Blick auf das selbe Beet aus anderer Sicht. Die Fingerhüte stehen im Hintergrund und die Rosen im Vordergrund. Ganz in der Mitte wächst die wunderbare, elegante Bourbon-Rose 'Baron Girod de l'Ain' (Reverchon 1897). Duftend und öfter blühend steht diese Rose da, wie mit weißem Spitzenkragen – oder eigentlich eher wie eine Dame mit langen weißen Handschuhen, finde ich, und verlasse diesen duftschwangeren Rosenraum.

Kletterrose
zum Träumen

Sie heißt 'Albertine' (Barbier 1921) und ist eine starkwüchsige Rose – daher vorzüglich geeignet, auch großen Hausfassaden einen Rosenschleier anzulegen. Ich kann mir keine passendere Rose als 'Albertine' für dieses romantische Haus mit seinen weißgestrichenen Holzarbeiten und den grauen Dachschindeln vorstellen. Der warme, weiche, im Aufblühen immer heller werdende Lachsrosafarbton nähert sich mit seinem Pastellton dem Weiß und bildet mit dem Grau des Daches – zumindest aus der Ferne – ein elegantes Gegenüber. »Gelungen!«, etwas anderes kann ich nicht sagen, auch wenn ich die Wuchsform betrachte. In manch einer Situation wäre man enttäuscht, den unteren Bereich einer Kletterrose so kahl zu sehen, denn die ersten Blüten hängen erst in Augenhöhe an der Pflanze. Hier ist es geradezu ideal, dass nur ein starker Ast die zierliche Holzsäule begleitet und dann von oben eine Flut von Blüten über den Eingang legt. Damit bekommt diese alte Villa jungmädchenhafte Züge; anders als jungmädchenhaft kann man diese Rose wohl auch nicht nennen: Ihre Blütenblätter sind so zart wie Seide, das Rosé in seinen verschiedenenNuancen strahlt von solcher Lebendigkeit und Frische. Das Wachstum ist staksig und kraftvoll, die Zweige sind dornenbewehrt.

Ich habe einmal eine 'Albertine' gesehen, die an ein kleines, altes Haus gepflanzt war. Ein Teil der Ranken benetzte die wohl 6 m breite Hausfläche, der andere Teil der Ranken war entlang des Gartenzaunes um das kleine Vorgärtchen geführt. Diese Ranken hatten sicher eine Länge von 10 Metern erreicht, wenn nicht sogar mehr. Es war ein kleines Dornröschenmärchen – und dann dieser Duft: Ich möchte hier einmal Alma de l'Aigle zitieren aus ihrem Buch *Begegnung mit Rosen*. Denn niemand beschreibt und definiert Rosen und ihre Düfte so wunderbar wie sie. Sie schreibt: »Der Farbenskala der Rose entspricht der Duft: Zuerst ist es ein stark wellender, weicher, süßer Duft, der fast an Zentifolie gemahnt; dann wird er gebrochen Canina mit etwas Nelke darin; und endlich, wenn die Aprikosenfarbe ganz dem fahlen Rosigweiß gewichen ist, wird der Duft trübe, fast dumpf«.

'Albertine' blüht nur einmal im Hochsommer. Die Schattenseiten dieser Traumrose: Sie ist für harte Frostlagen ungeeignet, braucht wegen ihrer Mehltauanfälligkeit einen windumspielten Platz und putzt sich schlecht.

Apfelbaum trägt 'Rambling Rector'

Susan Bower nickt mit strahlenden Augen, als wir bei ihr klingeln und unser Erstaunen über diesen überwältigenden Anblick äußern: «Dürfen wir fotografieren»? Natürlich dürfen wir – und erfahren, dass dieses Exemplar jetzt im zwölften Jahr steht.

In diesem Sommer hat die Blütenkaskade angefangen, sich aus der Spitze des annähernd 10 m hohen Baumes zu ergießen. Überwältigt bewundern wir die Blütenflut. Niedlich sind sie, die etwa 4 cm großen, cremeweißen, ganz leicht gefüllten, süßduftenden Blüten. Sie tragen goldgelbe Staubgefässe, die, wenn die Blätter älter werden, zu kleinen schwarzen Sternen in den weißen Blütenböden werden. Um 1912 wurde diese Rosenzüchtung wiederentdeckt. Die genaue Herkunft ist unbekannt und für den Gartenbesitzer auch halb so wichtig. Gut zu wissen ist dagegen, dass sie von mittlerer Frosthärte ist, und dass sie es nur einmal im Sommer schafft, diese unzähligen Blüten hervorzubringen.

Danach bildet sie die kleinen Hagebutten aus, die der *Rosa multiflora* ähnlich sind. Neben dem hübschen, zierlichen Laub und der Blütenform lässt dies auf Verwandtschaft mit der Wildrose schließen. Nur ihre Stacheligkeit muss von dem anderen Elternteil herrühren.

Ich lasse die Gartensituation noch auf mich wirken und bewundere die kraftvolle, schlichte, lieblich anmutende Selbstverständlichkeit, die von diesem Garten ausgeht. Ich merke, wie gut der gelbbunte Liguster den dunklen Waldrand auf der einen Seite abschirmt und dafür der Einblick durch die Vielzahl der Stämme zum spannungsvollen Geheimnis wird. Es fällt auf, dass dem Gelb hier ein besonderer Stellenwert zukommt: Es ist der kommunizierende Farbton, der im gelb-weißen Blütenteppich von 'Rambling Rector' (T. Hilling 1959), 'Buff Beauty' und im großen Rosengebüsch dahinter schimmert – sie alle tragen das Gelb in den Staubgefäßen. Natürlich wird die Rose im Apfelbaum zur Attraktion dieses Gartens und der gelbe Busch ein markanter Schwerpunkt zu ihren Füßen. »Nur schade, dass man Duft nicht fotografieren kann«, denke ich beim Verlassen dieses Gartens.

Bei dieser Idee sollte man wissen, dass der Startplatz für die neu gepflanzte Rose nicht zu schattig sein darf. Gegebenenfalls geht man ein Stück vom Baumstamm weg und leitet die Rosenranken seitlich in die Krone.

Von 'Constance Spry' umspielt

»Weniger ist mehr«, diese Worte benutzt Michaela zu Dohna-Löwe gerne, »aber eben nur, wenn die Details stimmen«, möchte ich dem noch hinzufügen.

In diesem kleinen Innenhof sitzen, sich die Morgensonne auf die geschlossenen Augenlider scheinen lassen und den Duft dieser Rose einatmen – wunderbar. Und wenn Michaela zu Dohna-Löwe in ihrer Küche hantiert, schaut sie aus dem Fenster auf dieses Bild, in den mit Feldsteinen gepflasterten Innenhof, in ihre Gartenwelt, die sie für sich und die Rose 'Constance Spry' (D. Austin 1961) geschaffen hat. Linker Hand wird die Rose von einer Kugel-Akazie noch leicht beschattet und vis-à-vis wächst die duftende Portland-Rose 'Comte de Chambord' (Moreau-Robert 1860) durch eine Eberesche. Die Örtlichkeit ist ländlich und edel. Es sind Gebäude einer alten großen Gutshofanlage, die hier bewohnt werden. Alter Baumbestand gehört ebenso dazu wie angrenzendes Weideland und der freie Ausblick in die Ferne – und nun die Köstlichkeit eines Innenhofes in ländlicher Weitläufigkeit. Man ist überrascht von dieser Lieblichkeit und Intimität, die hier im Verborgenen ruht, und vom Feingefühl der Gestalterin für Charaktere zeugt: Farben, Formen und Oberflächen gleiten ineinander und reichen sich die Hand. Man hat bei den Renovierungsarbeiten der Wände gesehen, welch ein Reiz von den Pastelltönen ausgeht. Daraufhin hat man nicht alle Flächen neu verputzt, sondern einige Wandpartien ausgespart. Die Feldsteinpflasterung aus Granit besitzt das typische dezente Bunt, das mit der Wand im Einklang steht. Dazu wurde rechts und links der Bank eine 'Constance Spry' gesetzt, ohne verzierende Begleitpflanzen am Fuß, oder möglicherweise Clematis mit einer anderen Blütezeit. Denn 'Constance Spry' blüht nur einmal im Hochsommer, die Blütenfülle ist üppig. Mit sparsamen Mitteln wurde hier eine malerische Situation mit eigenem Reiz geschaffen. Auch die Bank wurde nach den Wünschen der Gartenbesitzerin aus einem alten Bettgestell gefertigt und kann hier sogar bei Regenwetter stehen, weil sie von dem großen Dachüberstand des Hauses geschützt wird, der auch den Rosenblüten zugute kommt.

Und der Zufall
ist immer dabei …

Der Zufall macht diesen Garten für mich so besonders faszinierend: Einerseits erkenne ich die wohldurchdachte Anlage eines sehr erfahrenen Gartengestalters, und dann wieder erfahre ich den Zufall. Man lässt hier dem Wildwuchs seinen Raum, die Stauden dürfen sich versamen, an Stellen, wo man sie niemals platziert hätte. Und gerade dieser Aspekt macht für mich die Sache erst richtig spannend.

Was bringt der Boden hervor? Was hat der Wind, was haben die Vögel herangetragen? Und welche Samen schlummern seit Jahren im Boden und erwachen nun?

In dieser farbenprächtigen Szene könnte sich der violette Mohn seinen Platz selbst gesucht haben. Und auch der hellblauen Jungfer im Grünen, *Nigella damascena*, ist es jedem Jahr aufs Neue zuzutrauen, in solch einer Fülle immer wieder an einem anderen Ort aufzutauchen. Natürlich nur dann, wenn man die Samenkapseln stehen lässt. Von selbst eingefunden haben sich die hellgelben Königskerzen – ganz im Vordergrund – und die dahinterstehende großwüchsige Karde, eine piksige, heimische Distel-Art.

Schön ist es, den Sinn für Details zu erleben, der in einem riesigen Garten von wirklicher Gartenleidenschaft zeugt. Und dabei denke ich an die orange-gelben Stiefmütterchen als Unterpflanzung für die hellblauen Jungfer im Grünen – der Effekt ist gelungen.

Diese prächtige Pflanzengesellschaft könnte auch in Mitteleuropa gedeihen. Denn nicht nur das mildere Klima oder die größere Pflanzenvielfalt, sondern großes Fachwissen, Leidenschaft und Liebe zum Garten lassen Schönheit wachsen. Natürlich ist viel Zeit und Geduld notwendig.

Eingeblickt und durchgeschaut

Nichts ist reizvoller in diesen großen Gärten, deren Gartenräume meist von mächtigen Hecken oder hohen Mauern umgeben sind, als plötzlich durch ein Loch, durch ein Fenster in der Mauer, oder einen Heckendurchgang einen Blick in den nächsten Gartenraum zu erhaschen, oder plötzlich mit dem Blick in die Weite zu fliegen.

Aber hier geht es treppauf. Nur einen schmalen Durchschlupf gibt die große Eibenhecke frei – man könnte ihn glatt übersehen – das macht diesen Anblick so spannend. Es ist einem heimlichen Augenzwinkern ähnlich: »Na, hast du es gemerkt?«, werden wir in diesem Gartenspiel gefragt.

Rose 'Cerise Bouquet' (Kordes 1958) lockt mich in die oberen Gärten von Great Dixter. Sie ist eine Rose besonderer Art, für besondere Gestaltungsideen, da sie einen sehr raumgreifenden Wuchs hat (siehe auch Seite 168). Sie kann mehrere Meter hoch und breit werden und baut sich dabei bogenförmig in lockerer Fülle auf, ohne ein Dickicht zu bilden, wie es die meisten anderen stark wachsenden Sorten tun. Dabei umgeben die leuchtend karminrosa, leicht duftenden Blüten die Zweige mit dem zierlich graugrünem Laub. Hauptblütezeit ist im Juni, einzelne Nachblüten gibt es bis zum Herbst.

Kommen wir zu den Gestaltungsmöglichkeiten:

Hier eine junge 'Cerise Bouquet'. Erst wenige Ranken beginnen das grün-weiße Laub des Nachbarbusches zu durchwandern. Die Vermengung wird stärker werden und von großem Liebreiz sein. Richtig aufregend finde ich die Möglichkeit, diese starkfarbige Rose mit rotlaubigen Sträuchern zusammen zu pflanzen. Hier bietet sich schon gleich links im Bild ein rotlaubiger Holunder an. Nach *Sambucus nigra* 'Guincho Purple' oder *Sambucus nigra* 'Purpurea' muss man fragen, wenn man diesen mittelgroß werdenden Strauch sucht. Andere interessante rotlaubige Partner für 'Cerise Bouquet' sehe ich im Perückenstrauch, *Cotinus coggygria* 'Royal Purple', und der Blut-Pflaume, *Prunus cerasifera* 'Atropurpurea'. Gut zu wissen ist auch, dass die Strauchrose im lichten Schatten gut gedeiht, was sie für große Gärten mit altem Baumbestand auszeichnet. Und da verwendet man sie, wie hier gezeigt wird, an Durchgängen und in buschig wildhaft wachsenden Hecken sowie an Sitzplätzen und an Pergolen. Natürlich sieht sie auch im Zusammenspiel mit Tamarisken und Schmetterlingsstrauch vorteilhaft aus. Immer wird sie durch ihre in den Raum reichenden Blütenzweige Bewunderung auslösen.

Noch den Duft von 'Cerise Bouquet' in der Nase, werfe ich einen Blick zurück durch die Eibenhecken: »Demnächst in diesem Theater«.

Fernöstliche Aspekte

Zu Gartenbereichen mit fernöstlicher Ausprägung gehört eine ruhige, die Sinne konzentrierende Gestaltung mit viel Grün. Erreichbar ist dies durch Heckenelemente, Bambus- und Gräser-Arten und einige wenige Solitärgehölze.

Auf den Terrassen von Great Dixter kann man die in mühevoller Handarbeit Ziegel um Ziegel aufgeschichteten Stützpfeiler bewundern. Sie wurden nach den Entwürfen des Architekten Lutyens gefertigt. Ihre Machart ist genial und der Fleiß, der in dieser Handarbeit steckt, ist bemerkenswert. Es erinnert an die kunstgewerblichen Handarbeiten, die meist in Fernost mühevoll hergestellt werden. Vielleicht passt deswegen die China-Rose 'Single Pink China' so gut in diese Umgebung. Ähnlich wie bei *Rosa* × *odorata* 'Mutabilis' liegt ihr Ursprung im Verborgenen. Diese Rosen sind aufrecht, starrwüchsig, aber dennoch anmutig durch ihre grazilen Zweige mit rotbrauner Rinde. Erstaunlich elegant wirken die einfachen, duftenden Schalenblüten, die aus orange-gelber Knospe hervorgehen und in einem Aprikosengelb erblühen. Während des Alterungsprozesses trocknen die Staubgefäße ein und die ganze Blüte färbt sich karmesinrosa. Ich war richtig aufgeregt, als ich diese Rose das erste Mal erlebte – welch unglaubliche Wandlung vollzieht sich hier! Sie ist sicher kein einfacher Partner in der Gestaltungsarbeit, denn man muss ihr schon gerecht werden. Das ist hier natürlich gelungen, auch mit dem Eibenhecken-Element im Hintergrund, das wie ein Paravent wirkt. Der China-Rose zu Füßen liegen Spornblumen, *Centranthus ruber*, die ausgezeichnet zu Rosen passen und sich reich versamen.

Links überspielt 'Albéric Barbier' (Barbier 1900) die Mauer. Sie ist eine köstlich süßduftende Kletterrose mit erheblichem Wachstumsvermögen und bleibt das ganze Jahr über grün, dafür ist sie etwas frostempfindlich. Dennoch ist sie robuster als die China-Rose, die nur im milden Weinbauklima gedeiht. Aber versuchen kann man es in Innenhöfen, an sehr geschützten Plätzen mittlerer Winterhärtezonen. Denn gerade Innenhöfe und kleine Stadtgärten lassen sich auf Grund ihrer etwas geschützteren Lage in eigenwillige, kleine Paradise verwandeln. Zu moderner, klarer Architektur bieten sich japanisch anmutende Gartenszenen mit dieser Rose an, zusammen mit Bambus, Ahorn, Azaleen, Farnen, Gräsern, Wasser und vielen Steinen.

Verflochten und verwoben

Man kann Zäune mit Rankpflanzen durchwirken, was bei Rosen meistens eine gute Blütenfülle zur Folge hat. Geeignet sind Zäune, die nicht gestrichen werden müssen, filigrane Zäune oder Eisenzäune. Ein schönes Beispiel ist der nun auch bei uns erhältliche englische Zaun aus dem haltbaren Esskastanien-Holz (siehe Seite 213).

Die Bilder zeigen Momente aus dem East Lambrook Manor Garden der Margery Fish, Begründerin des sogenannten Cottage-Garden-Styles. Ländliches Flair, Schlichtheit und Erdverbundenheit kann man hier erleben. Verwilderte Bereiche mit verschiedenen Storchschnabel-Arten und anderen Wildstauden sind zu bewundern. Überall wuchern Rankpflanzen in diesem Garten. Besonders Rosen und Clematis verweben sich mit den Bäumen und bringen viel Verwunschenheit in den Garten. Im Licht- und Schattenspiel von Astwerk, Blatt und Blüte meint man, die Feen huschen zu sehen.

Im Apfelgarten werden viele Kronen von Rosen durchwachsen, was dann so aussehen kann, als würde der Baum blühen. Im nächsten Moment sieht man daneben die großen, grünen Äpfel hängen, schaut genauer hin und erkennt die Wildrose *Rosa wichuraiana*.

Optische Abgrenzungen wurden in diesem Gartenteil mit Zaunelementen aus geflochtenen Weidenruten geschaffen. Das durchsichtige, leichte Gitterzeug gestattet den Durchblick auf das, was dahinter geschieht. Es wird von Clematis und Rosen durchspielt und grenzt schließlich an dichteres Flechtwerk mit abgrenzender Funktion. Hier wurde ein Sitzplatz eingerichtet mit der farblichen Betonung auf Violett und Blau-Weiß.

Zu den Details: Das Weidenflechtwerk bietet der starkwüchsigen, doch frostempfindlichen Kletterrose mit den cremeweißen duftenden Blüten 'Paul's Lemon Pillar' (Paul 1915) praktischen Halt im oberen Bereich. Man hat die senkrechten Weidenruten extra dafür 20 cm über das Flechtwerk hinausragen lassen. Das Flechtwerk wird also mit lebenden Ranken fortgesetzt – eine wunderbare Idee, die sich möglicherweise auch auf manch anderen Zaun oder eine andere Trennwandkonstruktion übertragen läßt. Ich denke an einfache Lattenzäune, bei denen jede dritte senkrechte Latte 20 cm über die übrigen Latten herausragt, um dort Pflanzengewirk zu tragen.

Im unteren Bereich des Weidenzaunes, zwischen Glockenblume und Storchschnabel, wächst eine kleine weiße Rose. Kleinblumige Rosen werden seit kurzem in vielen verschiedenen Sorten angeboten, sie alle tragen üppigen Blütenflor, der sich oft als zu massig und dominant entpuppt. Sehr viel feiner wirken 'Little White Pet' (Henderson 1879) oder 'Yvonne Rabier' (Turbat 1910).

Ein Rosenparadies

Im zwölften Jahrhundert von Augustinermönchen gegründet, kann man auf dem riesigen Areal von Mottisfont Abbey wunderbare alte Bäume in erhabener und architektonisch gegliederter Weise erleben. Schon beim Betreten des Geländes wird man von fließenden Gewässern und dschungelähnlichen Laubdächern in den Bann gezogen. Das Geheimnis ist auch hier der verstellte Blick, und dann der freie Blick! Der freie Ausblick auf das Klostergebäude und auf Bäume, die wie Skulpturen in der Landschaft stehen.

Natürlich gehen wir in den Rosengarten, zu der großen Sammlung alter und moderner Rosen, angelegt von Graham Stuart Thomas. Wie mögen die Rosen wohl dastehen, bei diesem englischen Wetter. Besonders die alten Sorten mögen Regen gar nicht gern, die Hundertblättrigen – die Zentifolien, die starkgefüllten Bourbon-Rosen und die Teerosen in ihrer feinen, seidigen Blütenfülle haben an den Regentropfen außerordentlich schwer zu tragen.

Wir betreten den großen, von hohen Ziegelmauern umgebenen, ehemaligen Nutzgarten des Klosters und tauchen ein in die zerzausten Rosenfluten. Und je länger ich zwischen den triefenden, sich tropfenschwer beugenden Pflanzen herumgehe und schaue, erkenne ich den Nutzen dieser unglücklichen Wetterlage: So kann man doch einmal testen und auch Bilder aus anderer Sicht zeigen – schließlich herrscht nirgends immer eitel Sonnenschein. Hier einen Blick in einen Teilbereich: Schon von weitem erkennt man »Gammelnester« – Rosenbüsche, die vom Regenwetter nichts halten. Dazu gehört die bordeauxrote Portland-Rose 'Cardinal de Richelieu' und *Rosa × francofurtana* 'Empress Josephine' braucht ebenfalls dringend trockenes Wetter, damit ihre rosa Blüten nicht vom Braun des Zerfalls überzogen werden. Es sind meist die abgängigen Blüten, die von Fäulnis »überfallen« werden, bevor sie abfallen können. Ein Stück weiter beugt sich die niedrige *Rosa gallica* 'Versicolor' fast bis auf die kleinen Nelken herunter, die ihr zu Füßen stehen, und deckt sie mit ihren abgelegten Blütenblättern ein – aber die frisch erblühten, duftenden Rosen sehen propper aus.

Viele der stark gefüllten Alten Rosen sehen bei anhaltendem Regenwetter wirklich alt aus. Sie werden die Nässe zwischen den vielen Blütenblättern nicht mehr los – es entsteht Fäulnis, von der sogar die Knospen angesteckt werden können.

Urgroßmutters Rosen liegen am Boden

Den kräftigen Remontant-Rosen und Rosensträuchern unserer Urur- und Urgroßmütter kann das Regenwetter noch wenig anhaben, denn sie sind noch im Knospenstadium. Aber die erste aufgeblühte Knospe der karminrosafarbenen 'Magna Charta' (W. Paul 1876) gibt wunderbaren Duft ohne »Beigeschmack« ab. Eigentlich handelt es sich bei 'Magna Charta' um eine Strauchrose, die ihre Zweige bis 1,5 m hoch erstarken lässt. Hier wurden die Äste heruntergebogen und die Triebenden mittels eines Holzpflockes am Boden verankert. So bricht aus jedem Blattwinkel des Vorjahres ein neuer Trieb hervor, der reich mit Knospen besetzt ist, wie man sehen kann. Es ist ein ähnliches Verfahren wie mit den Haselbögen oder Pfählen (siehe Seite 40), nur etwas rigoroser und anders in der Wirkung: Ließe man den Strauch in dieser Form weiterwachsen, ohne die Zweige wieder herunterzuschneiden und neu aufzubinden, so würde sich ein reich verzweigter, sehr großer Rosenstrauch entwickeln.

Es sieht charmant aus, wenn so ein Zweig voller Rosenblüten in der Waagerechten durch zarte Blütenfülle geführt wird. Sehr lieblich wirkt das zartrosafarbene Leinkraut, *Linaria purpurea*. Sich selbst versamend zieht es wie ein Schleier durch große Bereiche dieses Gartenteils. Dazu passen graulaubige Pflanzen wie der filzig weiche Wollziest, auch Eselsohr genannt, *Stachys byzantina*. Diese Pflanze ist ein guter Bodendecker, besonders für vollsonnige, hitzige Lagen. Sie ist genügsam, wie auch das Leinkraut und der Lavendel, der hier die Abschlusshecke zum Weg bildet.

Auf dem anderen Bild gibt sich die Remontant-Rose 'Pierre Notting' (Portemer 1862) die Ehre. Auch bei diesem Beispiel überwiegt die Graulaubigkeit, die durch Irisblätter, Leinkraut und Lavendel erzeugt wird. Graugrün ist der geeignete Farbpartner für die vorherrschenden Pasteltöne und dem Karmesinrot. Einen Farbreiz erfährt das Auge durch stark leuchtende Blautöne, wie von der Ochsenzunge, *Anchusa azurea*. Auch sie ist für hitzige Standorte auf armen Böden brauchbar und versamt sich. 'Gros Choux d'Hollande', die Zentifolie, steht wie eine große, duftende Wolke im Hintergrund.

Im ersten Jahr ließ man diese Strauchrosen hochwachsen und hat dann im Winter die langen Zweige heruntergebogen und an Holzpflöcken befestigt. Im Laufe dieses Sommers werden nicht nur viele Blütentriebe kommen, sondern es wird erneutes Längenwachstum nach oben geben. Man muss sich überlegen, ob die Rose weiterhin flächig oder aufgetürmt erzogen werden soll.

Rosablaue Wolken um Rosa gallica

Beide Rosen-Sorten zeigen keinerlei Anzeichen von Regenuntauglichkeit – gerade ist schon wieder ein Schauer über uns niedergegangen, wie man an den vielen Wassertropfen gut sehen kann.

Es sind gleich mehrere Sträucher von *Rosa gallica* 'Sultane Favorite', die hier in einer bauchhohen, hellrosa und indigoblauen Wolke schweben. Die große, einheitlich gestaltete Fläche mit vielen kleinen Blüten auf einer Wuchshöhe, lässt die Einzelpflanzen zurücktreten. Obwohl die Dominanz hier eindeutig bei der Rose liegt, entsteht ein Blütenteppich, der als Mustervorlage für einen romantischen Textilstoff dienen könnte.

Hellgrün muss der Untergrund sein, so wie die Blätter von *Galega orientalis*, der blauen Geißraute. Eine Frosthärte bis minus 20 Grad Celsius traut man ihr zu. Mit ein wenig Schutz könnte man sie also auch hier auf dem Kontinent ausprobieren – sofern man diese seltene Pflanze bekommt. Als alte Futter- und Heilpflanze sollte die ähnliche *Galega officinalis* etwas leichter erhältlich sein. Sie blüht weiß bis purpurblau und ist frosthärter. Ihre ursprünglichen Standorte sind feuchte Wiesen, Äcker und Uferbereiche.

Auf vielen Wiesen in Süddeutschland findet man *Salvia pratense,* den heimischen Wiesen-Salbei. Hier rückt er zusammen mit weißem Fingerhut und dem Storchschnabel, der Damascena-Rose 'St. Nikolas' (1950 wieder eingeführt von Hilling) auf den Pelz. Sehr schön sind deren halbgefüllten, großen Schalenblüten, das kräftige Laub, die rötlichen jungen Triebe.

'The Reeve' mit 'Rosenschleier'

Soll die Zartheit, das Duftige und Süße auf die Spitze getrieben werden, bieten sich verschiedene Schleierkraut-Arten – es gibt einjährige- und mehrjährige-Arten – an. Wir machen einen Sprung an die nördliche Grenze Deutschlands, in das Rosarium Glücksburg. Hier kann man vor allem Englische Rosen mit Begleitpflanzen in guter Abstimmung erleben. Gerade das duftige Wesen der Englischen Rose 'The Reeve' (D. Austin 1979) zusammen mit dem zartrosa Schleierkraut, versetzt mit Oregano, gibt eine ähnliche träumerische Stimmung wie die Pflanzung in Mottisfont. Die Duftwolken, die von Schleierkräutern ausgehen, sind süßlich. *Gypsophila paniculata* 'Rosenschleier' ist eine bis zu 1 m breit wachsende zartrosa gefüllte Sorte, die etwa 50 cm hoch wird und deswegen als idealer Partner für Beetrosen gilt. Es ist eine robuste Schleierkraut-Sorte, was man nicht von allen Sorten behaupten kann. Sie benötigen im Allgemeinen einen guten Gartenboden ohne Staunässe.

Gypsophila paniculata, das einfache, kleinblumige weiße Schleierkraut, wird etwa 1 m hoch und breit und ist zurückhaltender und weniger süßlich in der Ausstrahlung als die großblumigere, gefüllte Sorte 'Rosenschleier'. Hier wurde das einfache weiße Schleierkraut mit der roten, etwas frostempfindlichen *Knautia macedonica* zusammengepflanzt. *Gypsophila repens* ist mit 10 cm eine niedrig wachsende Art. Allerdings geht die Pflanze sehr stark in die Breite und ist für vollsonnige Standorte, an Terrassenrändern und Treppen mit ihrem überquellenden Wuchs von großer Attraktivität. Ihre Blüten sind etwas größer als die von *Gypsophila paniculata* und ungefüllt. Es gibt mit *Gypsophila repens* 'Rosea' eine zartrosa blühende und mit 'Rosa Schönheit' eine kräftig rosa blühende Sorte.

Schleierkräuter wirken am besten, wenn man viele Stauden setzt, also eine richtige «Wolkenstimmung» zwischen Rosen und an Beeträndern schafft. Dazu passen einjährige Sommerblumen, wie Jungfer im Grünen, Godetien, Clarkien, Kalifornischer Mohn, Knautien und Leinkräuter. Auch kleinwüchsige Sorten der Schafgarbe und Glockenblumen sowie Margeriten, Witwenblumen und Nelken ergänzen die Pflanzung aus Rosen und Schleierkraut.

Als Ergänzung wären hier auch Kosmeen denkbar. Trotz ihrer großen Blütenteller wirken besonders die weiß blühenden mit ihrem filigranen Blattwerk zart und leicht.

'Hero' in wildhafter Gesellschaft

Zu dieser Rose passt Stacheliges und Graulaubigkeit. Disteln und Allium christophii *und wie hier die gefüllte weiße Bertrams-Garbe,* Achillea ptarmica *'Schneeball'. Schön wäre auch die wilde weiße Schafgarbe.'Cerise Queen' blüht kirschrot, Schafgarbe 'Fireking' und Schafgarbe 'Red Beauty' haben dunkelrote Dolden.*

'Hero' (D. Austin 1982) wird bis 1,3 m hoch, blüht ausdauernd, hat aber zwei Gesichter: Sie zeigt nämlich im Sommer stärker duftende und gefülltere Blüten als im Herbst. Ihren Namen hat sie sicherlich von ihrer üppigen, rötlichen Bestachelung erhalten, die in Harmonie zu dem Reinrosa ihrer Blütenfarbe steht. Auch die rötlichen Triebe und das dunklere Knospenbild lassen ausgefallene Gestaltungsideen aufkommen. Das Wildhafte, Urwüchsige von Rosen tritt hier an den Tag.

Das Rosarium Glücksburg, betreut von Ingwer J. Jensen, zeigt sie von einer Glockenblumen-Art umgeben: *Campanula lactiflora* 'Pouffé', eine kleinwüchsige Sorte der Art, die bis 2 m hoch werden kann und damit ein Partner für noch höher wachsende Strauchrosen ist, und sich zudem für den Halbschatten eignet. Schöne Alternativen präsentieren sich mit *Campanula persicifolia*, der Pfirsichblättrigen Glockenblume, in weiß oder blau, oder der etwas steifer dastehenden Knäuel-Glockenblume, *Campanula glomerata*, die in den selben Farben auftritt.

'Raubritter' – auf den Stamm gekommen

Im Nachhinein habe ich es bedauert, mich nicht neben bzw. unter diesen Rosenbaum gestellt zu haben, denn dieses alte Exemplar der Sorte 'Raubritter' (siehe Seite 93) ist fast 3 m hoch und steht im Herzen eines urwüchsigen Rosengartens der Familie Bock in der Holsteinischen Schweiz. Gut 50 verschiedene Rosensorten ranken in diesem alten Garten durchs Geäst, bilden Dickichte und Hecken, umspielen das alte Wohngebäude oder stehen als Wächter am Haus, wie die zwei 'Raubritter'-Rosen, von denen die Abbildung nur eine zeigt. Gerade sind noch die Spitzen der mehr als kniehohen Buchsbaumhecke zu sehen, die für die Hochstämme ein wichtiges Stilelement darstellt. Denn so einfach ins Gebüsch stellen sollte man eine Hochstammrose nicht.

Es gibt hier eine ehrwürdige »rosige« Nachbarschaft für die 'Raubritter'. Alte Rosen in meist eindrucksvollen Sorten. Ihre Blütezeit ist schon vorbei. Wir schreiben den 6. Juli und die Hochstammrose ist jetzt auf dem Höhepunkt ihrer Schönheit. Danach wird der Phlox ihr zu Füßen die Buchsbaumbeete mit duftenden Blütenbergen füllen. Phlox wirkt üppig, blüht prächtig und wirkt ein wenig altmodisch oder bäuerlich. Auch Sterndolden zusammen mit Storchschnabel in seinen verschiedenen Sorten passen schön in diese Gartensituation. Im Frühling sehen Buchsbaum gerahmte Beete mit Hochstammrosen sehr gut aus, wenn langstielige Tulpen über den Heckenrand hinwegschauen. Erst beim Näherkommen entdeckt man ein Meer von Perlhyazinthen in der Tiefe.

Das andere Bild zeigt eine 'Raubritter'-Rose, fast zur gleichen Zeit aufgenommen, an einem Treppenplatz, der nur von der Spätnachmittagssonne beschienen wird. Diese Rose ist noch lange nicht so weit entwickelt wie die andere und wird auch eine längere Blühzeit haben. Unweit dieser Treppe, etwas tiefer gelegen, befindet sich ein Gartenteich mit etwa 80 Quadratmeter Wasserfläche. Das erklärt ein wenig die Wahl des Riesen-Chinaschilfes hier an der Wand des Reet gedeckten Hauses. Eine schöne Alternative zu diesem Gras wäre *Miscanthus sinensis* 'Rotfeder' mit roter Blüte und roter Herbtverfärbung oder das mit weißer Blüte sehr elegant wirkende Schilf *Miscanthus sinensis* 'Roland'. Die weißen Blütenstände bleiben auch im Winter erhalten. Anstelle des Grases könnte auch Federmohn, *Macleaya microcarpa,* wunderbar aussehen. Besonders stimmig wäre hier die Sorte 'Korallenfeder' mit ihren terrakottafarbenen Blüten und dem zimtfarben angehauchten Laub.

Rose 'Raubritter' an der Treppe wäre am Ufer des wildhaften Gartenteiches zu süßlich gewesen. Sie braucht die dekorative Nähe des Hauses und passt zu Gestaltungsideen, die von Formelementen getragen werden.

Rosenliebe, ganz ländlich

Das Ländliche ist selbstverständlich, undekoriert und handfest. Hochstammrosen sind in Gemüsegärten willkommen, weil sie viel Stimmung hineinbringen, ohne viel Platz wegzunehmen. Bei Haus Nr. 40 wird man von bunten Teehybriden empfangen. Das lange Beet vor dem Haus wird von Blaukissen gesäumt.

Manchmal quellen besonders kleine Gärten über – wo soll der leidenschaftliche Rosenliebhaber in Anbetracht der Fülle mit seinen ganzen Schätzen hin? Und Rosen gedeihen gar nicht so gut, wenn sie zu arg bedrängt werden. Weder mögen sie es, zu sehr von Stauden im Wurzelbereich umwuchert zu werden, noch lieben sie die wahllose und kunterbunte Gesellschaft mit ihresgleichen. Ein Stil muss eingehalten werden, der allerdings sehr unterschiedlich ausgeprägt sein kann.

Im bäuerlichen Garten hat man die größte Freiheit in Form und Farbkombination, denn die Pflanzen müssen robust, die Schnittblumen brauchbar und die Heilkräuter wirkungsvoll sein. Dieser Umstand hat einen typischen Stil geprägt und ein Sortiment von Bauerngarten-Blumen hervorgebracht, das meist großblumig und selten wildhafter Natur ist – eine Ausnahme bilden die Kräuterpflanzen. Das dazugehörige Farbbild ist von einem kraftvollen Bunt, wie dieser dörfliche Rosengarten es zeigt. Rundherum geht es bäuerlich zu, Tierhaltung prägt diese Gegend. Es ist kein Ort für raffinierte Gartenanlagen und prachtvolles Gehabe. Aber Liebevolles kann man sehen, Spaß und Freude an schönen Rosen haben, die üppig blühen und so selbstverständlich dastehen – so wie hier alles einen Platz findet, weil es lebensnotwendig ist.

Hochstamm-Rosen als Wächter vor der Tür

Wer mit dem Gedanken spielt, sich Hochstammrosen zuzulegen, sollte vorher gut überlegen, wo er sie zur Geltung bringen will, denn sie sind – krass ausgedrückt – etwas Künstliches. Sie sind vom Menschen »gebaute« Bäume im Miniaturformat. Und deshalb passen die Rosenbäumchen mit den meisten Pflanzen unserer Gärten nicht zusammen. Hinzu kommt noch, dass die Blüten im Verhältnis zur Baumgröße recht groß sind. Übertrage ich diese Verhältnismäßigkeiten einmal auf eine Linde, müsste sie Blüten von etwa einem halben bis zu einem Meter Durchmesser haben. Rosenhochstämme passen nicht in unsere meist landschaftlich gestalteten Anlagen in der Tradition des Englischen Gartens. Man kann sie in städtischer, sehr moderner Architektur verwenden, wo sie allerdings auch leicht kitschig wirken können. Diese Hochstämmchen passen am besten zu Ideen aus den Barockgärten, wo künstlich wirkende Elemente, wie die zu Figuren geschnittenen Gehölze aus Buchsbaum, Wacholder, Zypresse oder Eibe, geschaffen wurden. Sie passen in Bauerngärten, die ihren gestalterischen Ursprung in Klostergarten-Anlagen haben. Auch hier war die strenge Ordnung vorgegeben. Gelebt und gegärtnert wurde zwischen großen Hecken und Mauern mit einer festen Raumgliederung.

Bauerngärten gibt es noch immer oder schon wieder, denn man fängt an, sich auf deren Schönheit zu besinnen. Auch der Sinn und Nutzen von eigenem Obst und Gemüse wird wieder mehr gesehen, wenn auch aus unterschiedlichen Beweggründen heraus. Menschen fangen an, wieder mehr Kontakt zu Pflanzen aufzunehmen, wieder mit ihnen zu leben und die Schönheit aller Pflanzen wahrzunehmen. Und es ist noch gar nicht so lange her, da wurde der Tod des Bauern nicht nur dem Vieh im Stall »angesagt«, sondern auch den Obstbäumen im Garten.

Rosenhochstämmen könnte man eine Art Wächterfunktion zubilligen. Links und rechts neben dem Eingang plaziert, lassen sie Wärme, Glück und die Liebe passieren und verwehren dem Unglück Eintritt.

Der hier abgebildete Bauerngarten des Arboretums in Ellerhoop zeigt die hellrosafarbene Englische Rose 'Mary Rose' und die karmesinrosa Damascena-Rose, 'Rose de Resht' (siehe auch nächste Seite).

Auch wenn wenig Platz ist, passen doch zwei Wächter-Rosen vor die Tür. So kann man es vor allem in den engen Straßen norddeutscher Kleinstädte sehen.

'Rose de Resht' an 'Rose de Resht'

Die Damascena-Rose unbekannter Herkunft gelang nach dem zweiten Weltkrieg vom Iran nach England. Dort eroberte sie die Herzen wie im Fluge. Auch mir ist es so ergangen, obwohl mir ihr Farbton seinerzeit gar nicht lag. Trotzdem pflanzte ich sie in meinen Garten, der Duft hatte mich gefesselt. Mitten zwischen Origanum, Ysop und Thymian steht sie nun in der Nachbarschaft von *Lilium speciosum* 'Rubrum', der karmesinrosa Geflammten. Das blau-violette Farbenspiel ist hinreißend!

Inzwischen habe ich 'Rose de Resht' immer wieder weiter empfohlen und als Heckenpflanze oft verwendet. Nicht nur am Zaun ist diese aufrechtbuschig wachsende, schattenverträgliche Rose eine ideale Pflanze. Durch ihre kaum überhängenden Triebe ist sie dort einsetzbar, wo Menschen sich bewegen, also an Wegen, Auffahrten und Terrassen.

Ohne großen Erziehungsaufwand bildet 'Rose de Resht' schöne Büsche, die bis zum Boden belaubt sind und etwa 1,2 m hoch werden. Sie stellt an die Bodenverhältnisse keine großen Ansprüche. Anzumerken ist allerdings, dass ein leichter Rückschnitt nach der ersten Blüte eine vollere Herbstblüte beschert. Sie ist frosthart. Ein leichter Rückschnitt kann vor dem Neuaustrieb vorgenommen werden.

'Rose de Resht' ist eine gute Anfänger-Rose, die viele Möglichkeiten bietet: Sie ist schön als Solitär, als Heckenpflanze, gruppiert mit Begleitung und macht sich auch im Kübel gut.

Und auch am Lattenzaun

Diese Lattenwand zeichnet sich durch gut gewählte Proportionen und eine in sich räumliche Transparenz aus, die von Rosenranken durchwachsen werden kann.

Der Lattenzaun Marke Eigenbau wurde von Killingers mit Englischen Rosen bepflanzt. Von der langen Feuerwehrauffahrt sieht man sie schon. Die Gestaltung ist gelungen. Der Lattenzaun ist aus gewöhnlichem druckimprägniertem Kiefernholz. Die Anordnung macht es aus – man sieht die Künstlerhand, die hier gewirkt hat. Killingers sind als Goldschmiede einfach gestaltungsfroh. Andreas hat eine Reihe Pappstreifen geschnitten, um auf dem Küchentisch Lattenmuster zu legen. Denn der Clou dieses Zauns ist der Verlauf der querlaufenden Hölzer, die wohl eine stabilisierende Funktion haben, aber auch die Langweiligkeit – Latte an Latte – unterbrechen.

Monika hat die Pflanzenauswahl vorgenommen. Eine typische Aufteilung unter Eheleuten, die gemeinsam eine Gartengestaltung machen. Er sorgt für den großen Rahmen, den sie dann füllt. Gelungen ist die Komposition der Rosen-Sorten in Farbe und Form. Die Englische Rose 'Leander' (D. Austin 1982) hat ein reiches Farbspiel von Lachsrot im Knospenstadium über Apricot zu Pfirsichfarbtönen bis Rosé im Verblühen. Sie ist eine robuste Strauch- und Kletterrose mit Duft. 'Ghislaine de Féligonde' (Turbat 1916) ist eine öfter blühende, kleinblumige Rosen-Sorte mit hellgrünem Laub. Sie präsentiert sich fast stachellos und ist eine reizende, verspielte Partnerin. Ihre Eigenart, als Strauchrose einen schönen malerischen Busch mit bogig überhängenden Zweigen zu bilden, kommt in dieser Situation deutlich heraus. Im Farbspiel ähnelt sie der Englischen Rose 'Leander' – aber nur in abgeschwächter Form. Wir haben hier Parallelität im Farbspiel *und* einen Kontrast in der Blatt- und Blütengröße, der Formen und der Rosengestalten.

Vor der Lattenwand gibt es nur einen schmalen Pflanzstreifen, weil die Auffahrt zum Garagenhaus hier verläuft. Als Pflasterung wurden rote Klinker gewählt, mit denen die Rosenfarben sehr gut harmonieren. Dazu wurde grauer Granit gewählt, der im weiteren Gestaltungsbild des Gartens eine wesentliche Rolle spielt. Granit ist dem dörflichen Standort dieses Gartens angemessen.

Es gibt kleine Pflänzchen in den Fugen, von denen man nicht weiß: Sind sie gewollt, sind sie zufällig hier? Gepflanzt wurde Zitronen-Storchschnabel, die weißblühende Sorte *Geranium macrorrhizum* 'Spessart', der jetzt mit seinem Samenstand gut zu den Rosen passt. Angesiedelt wurden einst auch Fingerhüte, die nun den Standort selbst bestimmen. Dachwurz-Arten fangen an, volle Rosetten zu bilden und der kriechende Günsel hat sich hier ausgesamt, wie manch anderes kleines Kraut.

Geduld – Geduld

Wie gerne sähe Doris Melzner, dass ihr Rosenbogen im Gewirk von ‘Gloire de Dijon’ verschwände, ihre Augen *endlich* die Rosensilhouetten vor blauem Himmel am Gitterwerk der Rankhilfe ausmachen könnten. Die Rosen stehen jetzt im dritten Jahr. Noch etwas Geduld, vielleicht werden sie sich schon das nächste Jahr die Hände reichen und ihren Duft über der Rosenfrau verströmen. Im »Verströmen« ist ‘Gloire de Dijon’ als echte Teerose eine Meisterin.

Der leicht erhöhte Terrassenplatz in der Ecke des kleinen, innenhofartigen Gartenbereiches ist nach hinten, wo es einen kurzen Hang gibt, mit Rhododendren, der frühblühenden rosa-weißen Sorte ‘Cunnigham’s White’, bepflanzt. Linker Hand gibt es ein großes, altes Exemplar dieser Sorte und den Ast einer alten Pflanze, *Rhododendron ponticum* ‘Roseum’.

Der Frühling klingt nun aus. Der Garten hat die blütenreiche Zeit hinter sich mit den vielen Zwiebelgewächsen, die aus der wilden Hangpartie und aus den Kieselflächen des Innenhofes heraussprießen und ihren Zauber treiben. Jetzt beginnen die »Sommerspiele« im Garten mit vielen Rosen-Sorten, die buschig, rankend oder kletternd, begleitend und selbst durchwirkt von anderen Gewächsen gedeihen.

Oben am Sitzplatz steht rechts – sie ist noch ganz grünknospig – die schöne, öfterblühende Strauchrose ‘Aloha’ (Boerner-Jackson und Perkins 1955). Dunkel lachsfarben, edelrosenähnlich und mit frischem Duft ist diese bis 1,2 m hoch werdende Rose ein gutes Pendant zu ‘Gloire de Dijon’. Linker Hand, neben der Iris, steht eine ‘Charles Austin’, in deren Hintergrund eine *Buddleja davidii* angesiedelt wurde. Beide Gehölze werden auf einer Wuchshöhe von etwa 1,5 m gehalten und vermitteln an dieser Stelle das nötige optische Geborgenheitsgefühl für den Liegestuhlplatz. Am Fuße von ‘Charles Austin’ wächst und wuchert Frauenmantel, eine Pflanze von starker Ausstrahlungskraft, die farblich wie ein Katalysator wirkt. Frauenmantel bringt Gartenbilder zum Leuchten. Schattenverträglich und sich reich versamend ist diese anspruchslose Pflanze ein Geschenk für Gärten mit wildhaften Ansätzen. Aber auch als Saum, als Beeteinfassung oder als Bodendecker unter Strauchrosen macht sie sich gut. Sie bezaubert in der Nachbarschaft zu blaublütigen Pflanzen, wie *Geranium* × *magnificum*, blauer Akelei, blauer Himmelsleiter, blauem Ehrenpreis, blauer Iris, blauem Hornveilchen und blauem Ysop. Demnächst spielen rosa-, violett- und fliederfarbene Stauden hier eine noch größere Rolle: Lupinen, Taglilien, Ziest, Gelenkblumen mit grün-weißem Blatt, Thymian und Fingerhüte kündigen sich im weiteren Jahresverlauf an.

Leicht erhöht in den Hang hineingebaut, und von Gehölzen und Staudenbewuchs umgeben, bietet dieser Sitzplatz besonderen Schutz. Dieses Gefühl der Geborgenheit wird sich noch verstärken, wenn ‘Gloire de Dijon’ den Bogen üppig füllt und ihren Duft verströmt.

'Maigold' ist Gold wert

Manch einer scheut sich, in kleine Gärten viel hineinzupflanzen – er könnte dadurch ja noch kleiner wirken, befürchtet man! Dieser schmale Gang beweist das Gegenteil: Je mehr man in einen kleinen Bereich wohlplaziert hineinbringt, desto größer erscheint er.

Die Kamera verlässt den eben betrachteten Sitzplatz im Krebsgang (siehe voriges Kapitel) und gelangt in den 2,5 bis 3 m breiten Zugang neben dem Haus. Aber halt, schon ist sie an der goldgelben 'Maigold' vorbei und steht Auge in Auge mit *Weigela* 'Newport Red' , die ganz wunderbar mit 'Maigold' harmoniert. Ich wollte mehr von 'Maigold' zeigen, ein Foto aus ihrer »Kinderzeit« wird nun herhalten müssen. Vor drei Jahren, im zweiten Jahr nach der Pflanzung, noch von den Gräserblüten der Rasen-Schmiele umgeben, ahnt man schon, dass sie höher hinaus will – bei den Trieben, die sie schießt. Sie wird auch noch die Eisenstange verdecken und zusammen mit *Lonicera* × *heckrottii*, die von der anderen Seite herüber wächst, ein üppiges Pflanzengewirk zustande bringen.

Rose 'Maigold' (Kordes' 1953) ist eine frühblühende Rose, die ich nicht missen möchte. Die wenig gefüllten, großen, goldgelben Schalenblüten mit den kupferfarbenen Staubgefäßen sind von einzigartiger Ausdruckskraft. Besonders schön wirkt sie in Kombination mit einer Weigelie oder auch mit dem großen Holunderbusch, dessen beigefarbene Doldenblüten in großer Fülle eine besonders lichte Komponente mit hineinbringen. Als elegante Variante bietet sich der Rotlaubige Holunder an.

'Maigold' hat eine üppige Hauptblüte und schiebt dann den ganzen Sommer vereinzelte Blüten nach. Man kann sie als Kletterrose ziehen oder freistehend als Strauchrose mit einer Wuchshöhe bis zu zwei Meter.

Wenn man ein paar Schritte zurücktritt, wird sichtbar, was sich alles in dem schmalen Gang zwischen Haus und Stallgebäude abspielt. An der Wand hochwachsend und jetzt nicht sichtbar, verblüht gerade *Clematis montana* 'Rubens'. Mit kleinen Blättern und Knospen besetzte Rosenzweige, die in den Raum hineinragen, gehören zu Rose 'Veilchenblau' (siehe Seite 71). Rechts an der Wand beginnt sich die großwüchsige, prächtig rosa-rote Bourbon-Rose 'Mme. Isaac Pereire ' mit der Englischen Strauchrose 'Abraham Darby' zu vermengen. Damit treffen sich zwei der üppigsten Duftbuketts aus der Rosenduftpalette. Unterpflanzt ist diese Gartenpartie mit Iris, Taglilien, Storchschnabel-Arten, Gräsern und Buchsbäumen, die zu Kugeln geschnitten werden.

Charmante Allerweltsrose

Kletterrosenranken um die Fenster geführt beschatten und geben den Innenräumen romantisches Flair.

'New Dawn' (Sommerset Rose Nursery 1930) – wer sie bisher nicht mit Namen benennen konnte, wird es nun tun. Denn man sieht sie oft, diese schöne Kletterrose, was von ihrer Qualität zeugt. Sie war nie einem Modetrend unterworfen, was ein Erkennungszeichen von Schönheit in Verbindung mit Qualität ist – so beobachte ich es jedenfalls.

'New Dawn' hat eine enorme Wuchskraft und wächst zu fülligen Sträuchern bis 5 m hoch. Ihre mittelgroßen, zartrosa Blüten haben den Charme und Duft von Apfelblüten, sind von anmutiger Form und werden von zierlichem, mittelgrün glänzendem Blattwerk umgeben. Die Hauptblüte liegt im Sommer, wenn die Rose eine üppige Blütenpracht aufbaut. Im Garten von Doris Melzner kann die verschwenderische Fülle Jahr für Jahr auf ein Neues beobachtet werden.

Die Ranken werden von rechts und links über das Fenster geführt und unten an der Wand fixiert. Nicht nur von außen betrachtet, sondern auch vom Zimmer aus sehen die rosenumrahmten Fenster sehr schön aus. Die Rosenpflanzen beschatten die Südfassade und wirken sich als leichter Klimapuffer positiv aus.

Ein weiteres Qualitätsmerkmal für 'New Dawn': Sie putzt sich gut. Dies ist besonders wichtig bei hellen Rosen, die sofort ein gammeliges Erscheinungsbild annehmen, wenn verfaulende Blütenblätter am Strauch hängen bleiben. 'New Dawn' lässt die Blütenblätter einfach fallen, bevor sie braun werden und breitet damit einen Blütenblattteppich unter sich aus. Manch einer mag das nicht leiden. Eine neue Sichtweise erleichtert es vielleicht, diesem Blütenblattregen etwas Positives abzugewinnen. Erinnert uns dieses Bild nicht an Hochzeiten, mit blumenstreuenden Kindern, die für solch einen Blütenteppich sorgen? Oder denken wir an Prozessionen, an kirchliche Feste, wo ganze Straßenzüge mit farbigen Blütenblättern belegt werden und Ornamente und Bilder daraus entstehen.

Nun, nach der Hauptblüte gibt es immer wieder Einzelblüten bis zum Frost, so dass den ganzen Sommer hindurch immer wieder Blüten – auch als Vasenschmuck – zur Verfügung stehen. Die Rosen sind als Schnittblume gut haltbar. Zur Adventszeit verwendet man dann die ziegelrot angehauchten, runden Hagebutten für Kränze und andere blumenbinderische Spielereien.

Bedingt durch den sanften Farbton ist 'New Dawn' vielseitig verwendbar. Man kann ihr ganz unterschiedliche Pflanzen zur Seite stellen. Hier, mitten im Dorfe, sorgen Stockrosen in dänisch bunter Mischung für die Begleitung.

Rosen – symbolisch

Nehmen wir einmal an, die Bewohner dieses Hauses haben die Innenräume umgebaut, so dass nun der offizielle Eingang zur Straße überflüssig wird – man betritt das Wohnhaus jetzt seitlich. Um aber den Eindruck des Hauses nicht zu ruinieren, was beim Zumauern einer Haustür auf brutale Weise geschähe, hat man den kleinen Vorgarten zuwuchern lassen und diese Skulptur an die alte Eingangstür gestellt.

Die Frau hüllt sich in ein schützendes Tuch, gleichwie die Pflanzen die Blöße des Hauses verdecken. Verweilt man etwas länger im Angesicht solch einer Szene, so bekommt sie ein Eigenleben: Geschichten beginnen, Märchen werden erzählt – dann knackt es im Gebüsch – ein Bär, ein Zwerg, »Schneeweißchen und Rosenrot« huschen durch die Gedanken.

Nun, die weißliche Statuette wird umrankt von der wunderbaren 'Paul's Scarlet Climber'. Vor ihr auf dem Weg steht die weiße Rose 'Schneewittchen'. Damit ist hier eine Szene entstanden, die die Rosensymbolik aufs Trefflichste wiederspiegelt: Unschuld, Jungfräulichkeit, Vergänglichkeit, irdische und göttliche Liebe. Lebensfreude und Lust wird gleichermaßen von der Weinranke symbolisiert, die links oben in den Türrahmen hineinspielt. Frauen, Blut und Geheimnis, aber auch Prostitution und Laster werden durch die Rosen versinnbildlicht – wie auch die Vergebung durch Christus.

Links und rechts vom Weg, von Staudenwicken und Gilbweiderich durchwachsen, war der ehemalige Weg von Lavendel gesäumt. Lavendel mit seinem starken Duft verspricht so mancherlei. Er soll Unheil abwehren – dem Teufel soll er die Tür verwehren. Wer wollte noch zögern, seine Wege mit Lavendel zu säumen?

Gartenbilder wie diese lassen sich schlecht konstruieren. Sie müssen wachsen und das braucht seine Zeit. Man wird die passenden Zutaten finden: Es ist ähnlich wie bei Wohnräumen, passende Bilder oder Kunstobjekte kann man nicht suchen – man muss sie finden.

Man kann über so manches »Gras wachsen lassen« - Zeit ist dabei der Faktor, an dem es uns oft mangelt. Gartenschönheit wie diese kann aber nur so entstehen und verlangt einen Besitzer, der den Mut aufbringt, eigene Wege zu gehen.

Kletterrosen, rot und ländlich

Sie stehen mitten im Dorf, und ich weiß nicht genau, welcher Rose hier die Dominanz zufällt: der zartfarbenen 'New Dawn' oder der roten 'Super Excelsa'. Genauer gesagt, es wechseln die Eindrücke je nach Tageszeit und Lichtsituation. Bei dunklem Wetter fällt das Auge mehr auf 'New Dawn' – besonders aus der Ferne. Wenn jedoch die Sonne scheint und das leuchtende Rot der vielen kleinen Blüten zum Tragen kommt, verblasst 'New Dawn'. Dennoch ist eines gewiss: Die beiden ergänzen sich aufs Vortrefflichste und kleiden den roten Klinkerbau aus der Jahrhundertwende mit seinen dunkelgrün gestrichenen Fensterahmen und den weißen Fensterflügeln sehr gut. Von «Bekleidung» kann man hier wirklich sprechen, denn diese Kombination wiederholt sich an mehreren Stellen der Hausfront. Und man schaut gerne hin, hinein in den Vorgarten und freut sich über diese schlüssige Gestaltung – über das »ländliche« Rot, das hier zusammen mit viel Weiß, Rosa und Blau verwendet wurde.

Auf Gelb wurde völlig verzichtet – eine gute Entscheidung für dieses stilvolle ländliche Gebäude. Wie leicht passiert es doch, dass man sich gerade von den leuchtenden, gelben Sommerblumen und sonnenblumenähnlichen Blütengesichtern einnehmen lässt und sie in den Garten bringt.

An anderer Stelle bewundere ich eine Gartengestaltung vor einem Bauernhof: Wohl acht bis zehn dieser gemauerten Zaunpfeiler, die jeweils mit einem Dächlein versehen sind, führen den Maschendraht. Schilfgrün, Ochsenblutrot und Weiß sind die typischen bäuerlichen Farbtöne der Region und dieses Bauwerkes. Neben der roten 'Paul's Scarlet Climber' stehen nur wenige Blumen innerhalb des Gartens.

Es grenzt eine Rasenfläche an, dann kommt der Obst- und Gemüsegarten, abgeteilt durch eine Buchsbaumhecke. Man liebt hier keine Töpfchen und Schnörkel – dieser Vorgarten hat einfach Stil und einer roten Rose ist hier nichts hinzuzufügen.

Gelungene Farbkompositionen sind immer eindrucksvoll, verlangen dem Gartenbesitzer aber eine strenge Disziplin ab. Denn oft verliebt man sich in Pflanzen, die nicht ins Konzept passen und oft genug fragt man sich: »Wohin mit den 'geschenkten Gäulen'?«

Rosen lieben's windumspielt

Es ist ein Irrglaube zu meinen, Rosen bräuchten generell einen geschützten Wuchsstandort. Wichtig ist Winterschutz für frostempfindliche Sorten. Rosen lieben als Kinder des offenen Berglandes den Wind.

Wind hat man reichlich, hier oben an der Ostsee. So halten es die Rosen gut aus, an dem alten Reet gedeckten Haus von Susanne und Knut Hamann. Sie kommen gut zur Geltung und sind frei von Krankheiten. Denn kaum, dass sich über Nacht ein paar Pilzsporen mit dem Tau auf die Blätter legen konnten, hat der Wind sie am Morgen schon wieder weggepustet.

Ja, so gut haben es die Rosen in windiger Lage. Nur der Fotograf hatte so seine Schwierigkeiten.

Von vorne nach hinten, der Reihe nach, stehen hier 'Gloire de Dijon' (siehe Seite 26), 'Rosarium Uetersen' und ganz hinten, um die Ecke, lugt 'New Dawn' (Seite 8) hervor. Es ist ein schönes, rosiges Farbspiel zu dem leuchtenden Taubenblau der Türen und Fensterrahmen. Farbentsprechungen in direkter Nachbarschaft gibt es in Gestalt der dunkelrosa *Spiraea* × *bumalda* 'Antony Waterer', sie blüht von Juli bis September und wirkt auch in Herbst und Winter mit ihren braunen, doldenförmigen Samenständen interessant. Ganz ähnlich ist *Spiraea betulifolia*. Auch sie wird bis 1 m hoch, ist sehr schnitt- und schattenverträglich, letzteres macht sie zu einer guten Partnerin für Hortensien und Rosen. Für ein grün-weißblättriges Farbenspiel im Schatten lässt sie sich schön mit Funkien und Efeu kombinieren – hier ist die strauchig wachsenden Altersform abgebildet. Gegenüber dem alten Efeu ist die Rose 'Rosarium Uetersen' sichtbar.

Die Altersform des Efeus wird unter dem Namen *Hedera helix* 'Arborescens' angeboten. Er wächst sehr langsam zu einem etwa 2 m hohen und breiten Busch heran, der im Herbst blüht und im folgenden Winter die schönen, schwarz-grünen Früchte trägt. Auch als lockerwüchsige Heckenpflanze im Vorgarten und direkt am Haus, am Fuße von Kletterrosen, wirkt er sehr attraktiv.

Hier stehen Stockrosen direkt am Haus. Ich muss mich immer wieder wundern, aus welch schmalen Ritzen Stockrosen hervorwachsen können.

Die Kletterrose 'Rosarium Uetersen' (Kordes 1977) ist auch als Strauchrose verwendbar, denn sie wird kaum über 2 m hoch, was man hier gut beobachten kann in Gegenwart der starkwüchsigeren 'Gloire de Dijon'. 'Rosarium Uetersen' hält sich gedeckt, bleibt unter dem Dach. Alle Rosen hier blühen öfter und duften mehr oder weniger stark.

Mächtige Rosenhecken

Der Betrachter steht nun vor dem Haus von Susanne und Knut Hamann (siehe vorheriges Kapitel) auf der Straße und bestaunt die üppig blühende Rosenhecke zur Linken. 'Fru Dagmar Hastrup' (von Wayside 1934 eingeführt) und die 'Rote Max Graf' stehen hier im zehnten Jahr und haben sich zu einer schönen mächtigen Hecke emporgeschaukelt. Die eine wird die andere vorangetrieben haben – Konkurrenz belebt das Geschäft!

Man muss sich ein bisschen wundern über die Wuchshöhe von sicher 1,6 m bis 1,8 m Höhe, denn 'Fru Dagmar Hastrup' wird bloß eine Höhe von 1 m zugestanden und die 'Rote Max Graf' wird unter der Bezeichnung »bodendeckende Rose« angeboten. Allerdings bildet sie bis zu 2 m lange Ranken aus.

'Fru Dagmar Hastrup' hat eine lange Hauptblütezeit und bildet dann große, orange-rote Hagebutten aus. Die 'Rote Max Graf' präsentiert über eine lange Zeit ihre Hauptblüte und trägt dann einzelne Nachblüten bis in den Herbst hinein.

Wer Hecken dieser Art mag, kann ein Experiment wagen mit Wildrosen als Trägerhecke und Rank- und Kletterrosen als öfterblühende Rosenkaskaden dazwischen.

Aus dieser Hecke ragen neuerdings lange Wildrosentriebe hervor und werden die Hecke noch mehr erstarken lassen. Unsere schöne heimische Hundsrose – siehe unten – wird freistehend 3 bis 4 m hoch, kann aber deutlich höher in Bäume hinaufwachsen.

Vier Frühlingsrosen von Kordes

Rosa pimpinellifolia *ist jeweils ein Elternteil der Frühlingsrosen-Sorten gewesen. Sie blüht hellgelb, trägt braun-schwarze Hagebutten, wird bis 1,20 m hoch und treibt Ausläufer. Genauso ansprechend wie die Züchtungen sieht sie in Kombination mit Ginster aus.*

Mir geht es immer so, dass erste Rosenblüten das Zeichen für Sommerbeginn sind, aber auf dem Kalender sind wir im Mai noch mitten im Frühling, wenn dieser Elfenzauber vor der Tür steht, den man sich in seinem Garten irgendwie ermöglichen sollte.

Die hier abgebildete 'Frühlingsanfang' (Kordes 1950) ist noch nicht einmal die früheste Rose aus der Reihe der im Frühling blühenden Rosen des Rosenzüchters Kordes, aber sie ist eine der Großwüchsigsten mit 3 m Höhe und Breite – eine wirklich wundervolle Gestalt. Dass sie von großer Anmut sind und mit einfachen klargesichtigen Schalenblüten werben, gilt übrigens für alle Frühlingsrosen. 'Frühlingsgold', die zweite hier im Bild, wird nicht ganz so groß und trägt später rehbraune Hagebutten. 'Frühlingsmorgen' trägt rosafarbene Blüten mit der Tendenz zu Gelb und Weiß. Die sehr großen Schalenblüten gleichen einem Frühlingsmorgen, taufrisch und jungfräulich duftend – duftend! Wie alle anderen auch, hat sie eine frühe Hauptblütezeit und bringt später einzelne Nachblüten, neben den bereits entwickelten Hagebutten.

'Frühlingszauber' ist eine leicht gefüllte Variante der eben beschriebenen Sorte. Mit 2 m Wuchshöhe ist sie eine wundervolle kleine Partnerin zum Chinesischen Fliederstrauch, *Syringa × chinensis*. Der grazile Flieder hat mich schon als Kind fasziniert mit seinem Duft. Er ist feiner und eleganter als unser gewöhnlicher Flieder. Er wächst leicht bogig überhängend und wird 4 m bis 5 m hoch und breit, die Blüte erscheint in einem intensiven Fliederfarbton. Ein anderer Partner zu den frühblühenden Rosen ist die Frühlings-Tamariske, *Tamarix parviflora*, die ähnlich hoch wächst wie der Chinesische Flieder, mit sehr zarten filigranen, rosafarbenen Blütenrispen und feinem, fast nadeligem Blattwerk.

Eine südländische Ausstrahlung hat der Blauregen, den es übrigens auch in Rosa und Weiß gibt. Auch er ist schön in der Nachbarschaft mit Frühlingsrosen, an einer Pergola oder einem Hauseingang. Nun könnte man auch auf die Idee kommen, Frühlingsrosen und Rhododendren zu kombinieren, die eben jetzt blühen. Doch für mein Empfinden haben Rhododendren eine ganz andere, zu den Rosen gegensätzliche Ausstrahlung. Sie klingen mehr in Moll und sollten vorsichtig mit den Pflanzen der fröhlicheren Tonart kombiniert werden.

Wildrose – fernöstlich

Eigenartig ist die chinesische Wildrose mit dem schwer auszusprechenden Namen *Rosa omeiensis* f. *pteracantha*. Leichter sagt sich »Stacheldrahtrose«. Diesen Namen bekam sie wegen ihrer auffälligen Bestachelung verpasst, die besonders an den einjährigen Trieben auffällt. Sie sind respekteinflößend, diese oft meterlangen neuen, dicht an dicht mit großen, rot durchscheinenden Stacheln besetzten Zweige. Nach dem Motto «Platz da, jetzt komme ich» nimmt sie sich ihren Raum – und der kann beachtliche Ausmaße erreichen. Vier Meter in der Breite und Höhe kann sie im Laufe der Jahre leicht einfordern. Diese hier, im Rosarium Glücksburg, steht wohl im vierten Jahr und trägt schon jetzt, Anfang August, diese glänzend leuchtendroten, kugelrunden Hagebutten. Ich muss sofort an Lackdosen fernöstlicher Machart denken, ein Teehaus, einen Pavillon am Wasser, Moose, Farne, Bambus, Steine und *Rosa omeiensis* f. *pteracantha*.

Vielleicht passen weiße Hortensien zu dieser eigenwilligen Rose, wie wir sie hier in der Abbildung aus dem Rosarium Glücksburg im Hintergrund stehen sehen (siehe Seite 10), im Zusammenspiel mit Gräsern und Wildpflanzen. Zweifellos ist diese Rose brauchbar für wildhaft gestaltete Gärten. Aber man bedenke, dass ihre Ausstrahlung nicht der unserer heimischen Natur entspricht. Die Rose ist leicht und luftig im Aufbau und mit ihren blau-grauen, feingegliederten Blättern, den kleinen weißen Blüten und später den Hagebutten von besonderer Ausstrahlung. Ich möchte sie mit einer asiatischen Tänzerin vergleichen. Sie passt in eine klar formulierte, karg gestaltete, unblumige Umgebung. Sicher könnten Gartenpartien im japanischen Stil solch eine Rose aufnehmen, oder auch Innenhöfe in moderner, klarer Architektur mit viel Glas, Stein, Stahl.

In geschützten Lagen kann man es wagen, sie mit dem etwas frostempfindlichen, schwarzholzigen Bambus *Phyllostachys nigra* zusammenzupflanzen. Er erreicht eine Wuchshöhe von 6 bis 8 m. Kniehoch und grün-gelb beblättert ist der flächendeckende Bambus *Pleioblastus viridistriatus.* Er paßt gut zur Rose und dem hohen Bambus. Auch von freiwachsenden Kletterhortensien umgeben, mit einer bodendeckenden Graspflanzung, kombiniert mit Knöterich-Arten und Herbstanemonen, wäre die Stacheldrahtrose reizvoll.

Hier am Stein steht die Stacheldrahtrose nun im zweiten Jahr nach der Pflanzung. Sie baut sich langsam auf, wird aber dann mächtig und prächtig.

Wildrose – bizarr

Rosa roxburghii *zeigt so viel Dramatik in ihrer Wuchsform, dass sie neben Rhododendren vorstellbar ist und in Gärten japanischen Stils passt. Natürlich darf der Boden nicht sauer und torfig sein.*

Ich erinnere mich noch gut an meine erste Begegnung mit dieser Rose. Schon aus 50 m Entfernung war mir der seltsame Strauch aufgefallen. Zickzackförmig türmten sich bizarr waagerecht abgespreizte, grazil belaubte Zweige auf zu einer luftigen Gestalt von fast 4 m Wuchshöhe und einer noch größeren Breite. Beim Näherkommen entdeckte ich stachelbeerähnliche oder kleine kastanienartige Früchte zwischen den zierlichen Blättern, die dem Blatt eines Farns gleichen. Viele dieser grünen Früchte waren bereits abgefallen. Ich brauchte dann noch eine Weile, um die Rose in ihr zu erkennen, denn alles an der chinesichen *Rosa roxburghii* ist so ungewöhnlich, dass man, ohne die Schalenblüten zu sehen, sie erst einmal nicht der Gattung *Rosa* zurechnen würde. Fünfzehn- bis neunzehnfiederig sind die Blätter; und welche Rose wirft Hagebutten so früh ab – dazu noch grüne und stachelige? Auch ihre silbergrauen Zweige mit abrollenden Rindenfetzen am älteren Holz sind höchst ungewöhnlich. All dies erklärt die Stachelfrüchtige zu einer Solitärgestalt, die freistehend am besten wirkt. Ihr großes Plus: Sie gedeiht auch im Halbschatten, zum Beispiel unter großen Laubbäumen.

Ihre elegant fernöstlich wirkende, silbergrau-grüne Gestalt mit den rosa-weißlichen Blüten, macht sie sogar zu einer geeigneten Partnerin für Rhododendren oder auch für die sommergrünen Knapp-Hill-Azaleen. Mit spätblühenden Sorten zusammen wirkt die im Juni zur Blüte kommende Rose noch eine geraume Zeit. Der Blütenreigen wird fortgesetzt in dem abklingenden Rhododendrongarten. Eine interessante Nachbarschaft bietet sich in grün-weißblättrigen Gehölzen und Stauden und in der Gegensätzlichkeit von großflächigen und farnähnlichen Blättern. Dem geforderten Farbspiel wird der Silbereschen-Ahorn, *Acer negundo* 'Variegatum', und der grün-weiß panaschierte Hartriegel, *Cornus alba* 'Gouchoultii', mit rosafarbenen Triebspitzen, gerecht. Aber auch der Holunder, *Sambucus nigra* 'Albopunctata' und 'Albovariegata', ist ein schöner Partner. Grün-weißblättrig mit einem leicht rosafarbenen Austrieb ist die klein- und feinwüchsige Weide, *Salix integra* 'Hakuro Nishiki'. Einige *Spiraea*-, Schneeball- und Hortensien-Arten sollten in diesem Zusammenhang nur erwähnt werden. Aus dem Staudenangebot können Waldmeister, Funkien, Farn-Arten, Seggen, Spierstauden, Christophskraut, Sterndolde, Taglilien, Japanische Anemonen und Päonien natürlich auch genannt werden.

Rosenlaube beim Apfelgarten

Die drei Abbildungen zeigen das dritte, vierte und fünfte Jahr nach der Pflanzung. Links an der Wand steht 'Veilchenblau' mit Gold-Hopfen, links davor 'Mme Isaac Pereire'. Das große Dach bildet 'Venusta Pendula' und rechts im Vordergrund steht die Apfelrose 'Magnifica'. Die Gewürz- und Wildkräuter sind eine schöne Ergänzung in dieser Rosenvielfalt.

Es war mein Ziel, einen Sitzplatz zu schaffen, der von Rosen eingerahmt ist. Aber dass sie meine alte Gartenbank derartig überwachsen würden, hätte ich nicht gedacht. Ich ahnte nicht, welch kraftvoller Rosenboden am Rand des Apfelgartens verborgen liegt. Auch die heißesten, trockensten Sommer konnten den Pflanzen nichts anhaben. Im Gegenteil, sie wucherten geradezu an diesem Gebäude, das am Fuße eines Lehmberges liegt, dort wo eine wasserführende Bodenschicht endet und das Wasser preisgibt.

Ich erwähne dies nur, um zu zeigen, was die Bodenverhältnisse ausmachen. Denn ich kenne diese Rosen-Sorten von anderen Standorten in anderen Gärten, in denen sie bescheidener auftreten. Nur ideale Böden können zu diesem Spitzenwachstum führen. Dagegen bringen arme Bodenverhältnisse immer wieder Enttäuschungen mit sich. Und sicher rühren Differenzen bei Angaben über Wuchshöhen von Rosen in Büchern und Katalogen von diesen kleinen, aber bedeutenden Unterschieden. Ja, selbst die Düfte entwickeln sich nicht überall gleich und ich habe sogar beim Schnuppern an Rosenpflanzen gleicher Sorte auf dem selben Beet das Gefühl gehabt, sie würden unterschiedlich stark duften.

Mit 'Maria Lisa' verschlungen

Augustinermönch Bruder Alfons hat sie 1925 gezogen: 'Maria Lisa' , die starkwüchsige Strauchrose bis 3 m hoch wachsend, die im Hochsommer lange blüht. Christa Bock pflanzte ein Exemplar zusammen mit 'Clair Matin' (M.L. Meilland 1960), einer öfterblühenden Kletterrose. Die beiden Rosen wurden an einer Pergola parallel zur Garagenauffahrt gepflanzt und mit einer Akebie sowie einer Pfeifenwinde ergänzt.

Durch die Rankpflanzen kommen verschiedene Aspekte in die Gestaltung. Die Akebie wurde für das Frühlingsbild gepflanzt, für den Mai, wenn sie ihre Blüten zwischen dem gefiederten Blattwerk entfaltet (siehe Seite 201). Die Pfeifenwinde wurde wegen des großflächigen Blattwerkes, das sich zwischen den beiden Rosen spannt, gesetzt, um mehr Dichte zu erlangen, aber auch um einen spannungsvollen Gegensatz zur Feingliedrigkeit der Rosenblätter und Blüten zu schaffen. Dabei knüpfen die verspielt wirkenden Triebe der Winden wieder an die Niedlichkeit der Blüten von 'Maria Lisa' an. Es ist eine gelungene Kombination, die ich nie vorher sah. Überhaupt werden Pfeifenwinden viel zu selten gepflanzt. Sie eignen sich vorzüglich als Schattendach und begrünen Pergolen, Sitzplätze oder langweilige Maschendrahtzäune. Zusammen mit Clematis, Brombeeren und anderen bietet sie ein abwechslungsreiches Bild.

'Maria Lisa', die Strauchrose, braucht die Pergola nicht, wie man im Rosarium Glücksburg sehen kann. Die Heckenpflanzung übernimmt hier eine raumteilende Funktion. Um diese Aufgabe wirkungsvoll zu erfüllen, nimmt sie eine Raumtiefe von 3 m bis 4 m ein. An ihre Breite muss gedacht werden, wenn Rosen als Grenzbepflanzung vorgesehen sind. Zusätzlichen Zauber erfährt diese Rosenhecke durch Clematisblüten, der dunkelfliederfarbenen Hybride 'General Sikorski'. Ihre großen Blütenteller stellt sie von Juni bis September in dekorativer Dominanz zur Schau. *Clematis orientalis* 'Bill Macentzie' an dieser Bank durchwirkt die Rosenbüsche mit ihren Ranken und setzt ihre Blüten wie kleine gelbe Lampions deutlich dezenter und heiter in die purpurrosa Blütenfülle. Dabei ist sie starkwüchsig und blüht reich bis September. Die Sorte *Clematis orientalis* 'Burford Variety' trägt dunkelgelbe Blüten bis Oktober, und zeigt ebenfalls den »wolligen« Herbstschmuck, genauso wie *Clematis tangutica*.

Ich sehe Rank- und Kletterpflanzen immer noch viel zu selten, zu vereinzelt und ängstlich gebraucht. Dabei erlangen sie erst ihren Charme in der verwunschenen Verschlungenheit mit ihresgleichen oder mit anderen Büschen und Bäumen.

Rosen im Heidegarten

In Heidegärten auf leichten, mageren Sandböden gedeihen Wildrosen-Arten gut. Sie passen zum Charakterbild. Auch kleinblumige, gefüllte Rosen sind denkbar. Auf Edelrosen oder großblumige Strauchrosen sollte man verzichten.

Heidegärten sind erst ab einer gewissen Größe stimmungsvoll. Urwüchsig und flächig muss Heide daherkommen, sie wirkt dann in Kombination mit Gräsern und wildhaften Gehölzen, zu denen die Kiefern und Wacholder gehören. Aber auch kleinwüchsige Weiden-Arten mit grau-grünem Blattwerk wie *Salix repens* ssp. *argentea*, die Silberkriechweide, oder *Salix wehrhanii*, die bis 1,5 m hoch werdende Engadin-Weide, und *Salix lanata*, die Woll-Weide, bis 1 m hoch, mit behaartem knorrigem Astwerk. In direkter Nachbarschaft dazu kann man sich Fingersträucher vorstellen, aber auch Rosen mit einfachen Schalenblüten und interessanter Gestalt.

Zu ihnen zählt auch *Rosa hugonis* aus Mittelchina. In lockeren Bögen baut die schon Mitte Mai blühende Wildrose einen luftigen Strauch bis 2 m Höhe auf. Das zierliche Laub dieser Rose verfärbt sich schon im August leicht rötlich, passend zu den kleinen roten Hagebutten und zur herbstblühenden Heide. Im Zusammenspiel mit spätblühenden Gräsern, wie dem Federborstengras *Pennisetum setaceum*, dem attraktiven, großwüchsigen Pyrenäen-Federgras, *Stipa gigantea* – das einen Winterschutz braucht, zeigt sich der Heidegarten von seiner schönsten Seite. Ein anderes großes Solitärgras ist der winterharte Atlas-Schwingel, *Festuca mairei*, und unser heimisches Pfeifengras, *Molinia caerulea*, sowie das Riesen-Pfeifengras, *Molinia caerulea* ssp. *altissima*.

Bodendeckende Rosen, wie die kleinwüchsige, zierliche 'Nozomi' (Onodera 1968) auch 'Heideröslein Nozomi' genannt, bieten einen erfreulichen Anblick zusammen mit größeren Sträuchern. Reich verzweigt, mit kriechendem Wuchs, schließt sie mit der Blütezeit an *Rosa hugonis* an und zeigt ihre Schönheit bis Ende Juli. Auch flachwachsend und zierlich in der Ausstrahlung, aber starkwüchsiger ist die Rose 'Immensee' (Kordes 1982), von der es eine weiße Variante gibt. Beide Rosen blühen nur einmal, duften gut und sind eine gute Bienenweide.

Gelbweiße Wogen

Dieser Garten wurde auf sehr sandigem Boden angelegt und geht nun in den vierten Sommer nach einer Fühlingspflanzung.

Das große Grundstück der Eheleute Pape liegt etwas talwärts in zweiter Reihe, so dass eine langgezogene Auffahrt mit seitlichen Böschungen, die bis zu einer Höhe von 2 m ansteigen, entstehen musste. Die Beschreibung passt eher zu einer Situation im öffentlichen Straßenraum, gehört aber zu einem Privatgarten. Um dieses etwa 1000 Quadratmeter große Auffahrtsgelände pflegeleicht zu gestalten, greift man notgedrungen auch auf solche Pflanzen zurück, die zu tausenden am Straßenrand anzutreffen sind, wie Sorten der immergrünen Teppich-Zwergmispel, der Krüppel-Kiefern und natürlich Wildrosen-Arten.

Aber – siehe da: Raffinierter aufgeteilt und mit neuen Nachbarschaftspflanzen ergänzt, zeigen die Gehölze ein anderes Gesicht. Die Auffahrt wird markiert durch eine Allee aus *Sorbus intermedia*, der Schwedischen Mehlbeere. In der Hauptfläche stehen Zwergmispeln, Kiefern und die sehr früh weißblühenden Dünenrosen, *Rosa pimpinellifolia*, die schon im Juli mit braun-schwarzen Hagebutten aufwarten. Im Gehölzrand zur Linken, der vorwiegend aus Eichen besteht, wurde im Halbschatten *Rosa multiflora* angesiedelt. Die Rosen können mehrere Meter hochwuchern und breit ins Gebüsch hineinwachsen. Ihre vielen kleinen, weißen Schalenblüten des Hochsommers verwandeln sich gegen Herbst zu kleinen Hagebutten. Die Vögel schätzen diese Köstlichkeit.

Orangefarben werden auch die Früchte des Sanddorns sein, der als Solitär neben einer Birkengruppe auftaucht. Aber sonst bleibt dieser Bereich den gelb-weißen Farbtönen vorbehalten, er wird nur etwas durch Violett- und Blautöne gereizt. Insgesamt erscheint alles leicht und stimmig mit dem sandsteinfarbenen Klinker des Hauses. Unmittelbar an der mit Feldsteinen gepflasterten Zufahrt säumen gelbe Lupinen den Weg zusammen mit vielen Margeriten und dem Frauenmantel. Später erblühen gelber Wundklee und blaue Katzenminze. Je näher man ans Haus herankommt, desto mehr gewinnen auch die Solitärgehölze an Dominanz, wie die Rosen 'Maigold' und 'Nevada'. Die weißen Schalenblüten von 'Nevada' sind jetzt bereits vergangen. Ihr zu Füßen ergießt sich nun die Blütenfülle von *Rosa arvensis.* So eine Flut weißer Schalenblüten muss nicht nur am Boden wachsen. Man kann sie genauso gut in Büsche oder Bögen hineinziehen. Sie blüht aber nur einmal im Hochsommer. Entzückend sind dann allerdings wieder die kleinen, ziegelroten Hagebutten zwischen dem orangerot verfärbten Laub der Rose. Hier wurden fünf *Rosa arvensis* geplanzt, die nun eine Fläche von 20 Quadratmetern abdecken.

Blattfarben sind Trumpf

Früher oder später kommt jeder Gartengestalter dahinter, wie wichtig das Blattwerk von Pflanzen ist. Denn meist währt die Blütezeit einer Pflanze nur einige Tage oder Wochen – und was ist dann?

Eigentlich könnte man empfehlen, bei der Gestaltung die Blüten außer acht zu lassen, um ein interessantes Bild allein mit dem Blattwerk zu schaffen. Dabei spielen unterschiedliche, gegensätzliche Formen und Oberflächen der Blätter eine Rolle und natürlich auch ihre verschiedenen Farben. Es ist wichtig, die Pflanzen zuerst alleine zu betrachten, um dann zu entscheiden, ob sie in den eigenen Garten passen. Manche Pflanze wehrt man auch im ersten Moment ab, muss dann aber feststellen, dass sie in Kombination mit anderen Gewächsen unerwartete neue Reize entwickelt.

So eine Pflanze ist z.B. die rotlaubige Berberitze. Als wehrhafte Heckenpflanze langweiliger Vorgärten ist sie uns überdrüssig. Im Zusammenspiel mit Rosen der unterschiedlichsten Blütenfarben und sogar vereint zu einer Heckenpflanzung gewinnt sie. Man entdeckt wieder die schönen Seiten an ihr.

Selten macht man sich ausreichend bewusst, wie unterschiedlich nicht nur die Blüten der verschiedenen Rosen-Arten und -Sorten sind, sondern eben auch ihre Blätter. Auch die ganze Strauchgestalt mit ihrem aufrecht starr, weich bogigem oder bizarr wildhaft erscheinendem Habitus will erkannt und mit anderen Pflanzen in Einklang gebracht werden.

Es ist noch einmal die große Gartenkunst aus Great Dixter (siehe auch Seite 58) im Bild, denn in den großen englischen Gärten kann man das Spiel mit den Blattfarben am besten studieren. Man erkennt die Rosen als Solitärgehölze in Szene gesetzt, umflutet von imposantem Blattspiel.

Mitten darin steht *Sambucus ebulus*, der Zwergholunder, eine rosafarbene *Rodgersia pinnata* 'Superba' (frosthart bis minus 20 Grad) und eine blaublättrige Funkie, von denen es viele, auch kleinwüchsige Varianten gibt. Das gelb-grüne Blatt, vorne rechts, gehört zu einer immergrünen kriechenden Zwergmispel, die kugeligen Samenstände, links, zu einem Zierlauch. Langhalmige und langblättrige Gräser und Stauden mit kerzenförmigen Blütenständen trennen und bringen elegante Leichtigkeit ins Gefüge. Zu beachten ist, dass aufreizende, vielschichtige Kombinationen – wie diese – einen ruhigen Heckenhintergrund oder eine Mauer brauchen, um zur Geltung zu kommen.

In diesem Gartenteil von Great Dixter spielen die Blattfarben und Formen die Hauptrolle und werden ergänzt durch ein rosa-weißliches Blütenspiel. Dabei kommen die lachsrote China-Rose und die hellrosa 'Felicia', rechts im Bild, gut zur Geltung

Englische Rosen in der Morgensonne

Schon ab 10 Uhr sind es im Sommer nur noch Lichtflecken, die das Blätterdach der Süßkirsche passieren. Es sind die Strauchrosen 'Constance Spry' (Austin 1961) und 'Abraham Darby', die hier in meinem Vorgarten nur wenig Morgensonne abbekommen. Es gefällt mir sehr, dieses wandernde Licht- und Schattenspiel, in dem einzelne Blätter und Blüten herausleuchten, während das Gros sich dezent im Hintergrund hält.

Man kann bei der Planung darauf achten, Bereiche mit lichtem Schatten zu schaffen, wo Mensch und Pflanze vor allzu starker Sonneneinstrahlung geschützt sind. Zu diesen Schattenspendern gehören Kirsch-, Apfel- und Zierobstbäume, Ebereschen und Eschen-Ahorn, Scheinbuchen, der Gemeine Judasbaum und die Felsenbirne. Für heiße, trockene Terrassenplätze geben Frühlings-Tamarisken und Gold-Gleditschien einen wunderbar freundlichen Schatten.

Im schattigen Umfeld all dieser Bäume lassen sich die Rosen-Sorten ansiedeln, denen pralle Sonne zuviel wird, wie es bei Bourbon-Rosen oft der Fall ist. Auch die Kletterfreudigen unter den Rosen finden hier ihre Bedingungen – man kann sie in diese Bäume hineinwachsen lassen. Einige Begleitpflanzen, die den Halbschatten vertragen, zeigt diese Abbildung. Es sind der rosablühende Diptam, die Wiesenraute, *Thalictrum minus*, Frauenmantel und verschiedene Taglilien-Sorten, die Rasen-Schmiele und *Geranium phaeum*, der braun-rot blühende Storchschnabel. Sie alle haben ihren Platz neben der Rose 'Abraham Darby' gefunden, die übrigens erst im vorigen Herbst hier gepflanzt wurde.

Die Umgebung von 'Constance Spry' wird geprägt durch Fingerhut, durch den weißblühenden Kälberkropf und die ebenfalls heimische Rasen-Schmiele sowie Taglilien. Im niedrigen Bereich tummeln sich zusätzlich noch rotblättrige Purpurglöckchen, gelber Lerchensporn und *Dicentra eximia*, eine Verwandte des Tränenden Herz.

Sonnenliebende Pflanzen können in lichtem Schatten nur dann gedeihen, wenn der Standort nicht direkt unter einem großen Baum, in seinem Wurzelbereich, liegt. So ist es auch hier: Unter dem Kirschbaum könnte z.B. der rosafarbene Diptam nicht blühen.

Sie zaubert auch im Herbst

Es lohnt sich sehr, über attraktive Herbstkombinationen nachzudenken, dem Garten ein ansehnliches Winterbild zu geben sowie ein blütenreiches Frühlingserwachen zu gestalten; schaut man nur auf Rosen, wird das Winterhalbjahr zu grau.

Damit meine ich weniger die Englische Strauchrose 'Leander' (siehe auch Seite 55), sondern viel mehr ihre schöne rotlaubige Nachbarin: *Hamamelis × intermedia* 'Hiltingbury', eine rotblühende Zaubernuss-Sorte mit dieser schönen Herbstverfärbung.

Es ist im Moment wahrlich ein Zauberwerk, das Farbfeuer dieses Herbstes. Der Süßkirschenbaum im Hintergrund fängt gerade an sich zu verfärben, während die Felsenbirnen der Grenzbepflanzung schon richtig kupferrot durchschimmern. Weiter links an der Straße hält die vereinzelt noch weißblühende Hecke aus *Rosa rugosa* dicke orange-rote Hagebutten für die Grünfinken bereit, wie es auch die Feuerdornsträucher tun. Im Herbst kann ein Garten in mancherlei Hinsicht noch einmal zur Höchstform auflaufen, wenn man dafür sorgt. Neben beeren- und samentragenden Gehölzen stehen spätblühende Stauden sowie Rosen, die im Herbst noch einen kräftigen Knospenansatz hervorbringen. Wie zum Beispiel die gelbe Strauchrose 'Sutter's Gold' und die Englische Strauchrose 'Lilian Austin', beide duften wunderbar. Die sich im kühlen Herbst sehr viel langsamer entfaltenden Blüten sind kräftig und von besonderer Farbintensität. Diese beiden Bilder hier zeigen Rose 'Leander' im Juni und im Oktober. Das Sommerbild zeigt einen großen Beetbereich meines Gartens. Rose 'Leander' steht, aus dieser Perspektive betrachtet, zwischen der Beetrose 'Märchenland' (Tantau 1946) und der jetzt grünlaubigen Zaubernuss. Es ist ein heiteres, lebendiges Beet insofern, als viele Blumen dabei sind, die sich selbst versamen oder wuchernd zwischen allen anderen wachsen, wie z.B. *Anaphalis margaritacea*, die ab Juli bis in den Herbst und Winter hinein zur Geltung kommt. Man kann es auf dem Herbstbild deutlich erkennen.

Anaphalis triplinervis bleibt niedriger als die zuvor genannte Art, zeigt aber sonst alle anderen positiven Eigenschaften. Sie verträgt leichten Boden und Hitze. Neben verschiedenen Primel-Sorten, dem Kissen-Phlox und Tulpen für das Frühlingsbeet beherbergt diese Pflanzung diverse Taglilien-Sorten und Storchschnabel-Arten. Als Stauden mit reicher Samenvermehrung kann man hier den gelben Lerchensporn, die blaublühende Tradescantie sowie Frauenmantel und Fetthenne nennen. Als einjährige sich versamende Pflanzen gibt es in diesem Beet die rosafarbene Kornrade, die sehr hübsche Samenkapseln ausbildet, sowie Klatsch-Mohn in Rosa- und Rottönen.

Große Rosen – große Gräser

Im Garten von Anna Jacobi (siehe auch Seite 103), an der Westseite des schönen reetgedeckten Hauses, empfängt den Betrachter ein heiter wirkendes Strauchrosenbeet. Die Eignerin liebt es farbig und zögert auch nicht, Lücken in den Beeten mit vorgezogenen Kübelpflanzen auszufüllen, wie jetzt im August. Hier fanden leuchtend orangefarbene Knollen-Begonien und rote sowie rosafarbene Geranien, die an die Rosenfarben anknüpfen, einen Platz.

Sicherlich hätte das Beet auch gut ausgesehen, wenn es nur mit Stauden und Gehölzen in unterschiedlicher Gestalt bewachsen worden wäre. Es ist eine Frage des Geschmacks: Manch einer findet das Auf und Ab des Blütenreichtums im Jahresverlauf sehr spannend – schließlich gibt es so viele verschiedene Pflanzencharaktere, denen man eine Bühne geben könnte.

Eine imposante aufrechte Gestalt haben die großwüchsigen Gräser, die das «Augustloch» der Rosenblütezeit überspielen. Feingliedrig und zierlich freunden sie sich mit den zarten Blütengeschöpfen in der Nachbarschaft an. Ähnlich wie die Buchsbaumkugeln, von denen es hier noch einige mehr gibt, als auf dem Bild sichtbar, haben auch diese Gräser architektonischen Charakter. Durch ihren säulenförmigen Wuchs deuten sie Räume an und bieten dem Auge einen festen Halt.

Zu den 'beruhigenden' Elementen einer Pflanzung gehören Gräser, wie hier die Rutenhirse, Panicum virgatum. *Empfehlenswert ist die sehr standfeste Sorte 'Strictum' und die rötlichbraun getönte 'Rotbraun'. Das kleine Bild zeigt* Calamagrostis × acutiflora *'Karl Foerster' zusammen mit der Glockenblume* Campanula lactiflora *im Rosarium Glücksburg.*

Eine Leiter für die Rose

Zu Anfang wird der Kletterrose 'Gruß an Heidelberg' (Kordes 1959) das kleine Sprossengerüst genügen, doch später wächst sie mindestens 3 m hoch hinaus. Dorothea Rehkopf muss also bald eine neue Lösung entwickeln, aber das ist kein Problem für sie. Auch für diesen Rosenwinzling hat sie eine vorteilhafte Lösung gefunden, die der noch unauffälligen Pflanze mehr Ausdruck verleiht. Die malerische Kletterhilfe bietet sich hier als ideale Lösung an.

Um die Ecke, an der Südterrasse, wurde die gleiche Idee noch einmal mit Bambusstäben realisiert, passend zum Terrassenbelag aus hellem Sandstein und zum Bambus-Gartengestühl. Zwischen den Englischen Strauchrosen, mit dem Namen 'Cottage Rose', wird die Kletterrose 'Rosarium Uetersen' die Sprossen erklimmen, hinauf zum Dachüberstand der Terrasse. Der Kletterrose zu Füßen wird *Sedum spectabile* 'Brilliant' bis zum Frost eine hübsche Partnerin bleiben. Und aus der Tiefe schiebt *Campanula poscharskyana* ihre langen, mit blauen Glöckchen besetzten Ranken in die Höhe. Alternativ kann man unter den folgenden Sorten auswählen: 'Blauranke', eine noch stärkerwüchsige Züchtung, die hellblau von Juni bis zum Einbruch des Frostes blüht. 'E.H.Frost' hat weiße, 'Stella' dunkellila und 'Lilacina' lilafarbene Blüten.

Auf der anderen Seite der Terrasse setzt sich das fein nuancierte Bild mit den Englischen Rosen 'Heritage', rosa, und 'Yellow Charles Austin', dunkelgelb, und 'The Yeoman', lachsrosa, fort.

Die erst vor zwei Jahren gepflanzte Rosen werden umspielt von weißen Bertrams-Garben, blaublühendem Lein und karmesinroten Vexiernelken. Lein und Vexiernelken versamen sich selbst. So auch die ziegelroten Spornblumen, die im Vordergrund neben dem bunten Glanzgras, *Phalaris arundinacea* 'Tricolor', stehen. Das Glanzgras bildet zahlreiche Ausläufer. Es sollte so verwendet werden, dass weiße Blüten oder weißbuntes Blattwerk in der Umgebung stehen, wie es z.B. an verschiedenen Funkien-Sorten und an Gehölzen zu sehen ist. Als besonders apart empfinde ich in diesem Zusammenhang die Lupinen in hellgelb und dunkelviolett mit ihren gelben »Fähnchen« sowie den rotlaubigen Fächer-Ahorn, *Acer palmatum* 'Atropurpureum', der eine 5 m hohe, schöne Solitärgestalt ausbilden kann.

Was Kletterhilfen angeht, sind der Fantasie keine Grenzen gesetzt. Zu bedenken ist, dass schräg oder fast waagerecht geführte Rosentriebe mehr Verzweigungen und größere Blütenfülle hervorbringen.

Ein Rosengärtchen mit Nelken

Besonders in romantischen Rosengärten sind alte Sorten duftender Federnelken ein Kleinod für Weg- und Beeteinfassungen. Flächig eingesetzt, zusammen mit Gräsern wie z.B. Blauschwingel, wirken sie sehr natürlich.

Vor zwei Jahren wurde das kleine Rosengärtchen der Familie von Gagern mit seinem Bankplatz an der Westseite des Hauses eingerichtet. Rosenbögen markieren den Ein- und Ausgang des Gartenraumes. In dessen Zentrum wurde eine kreisförmige Buchsbaumhecke gepflanzt. Die schwachwüchsige Sorte *Buxus sempervirens* 'Suffruticosa' eignet sich zur Anlage solch einer Hecke. Eine kräftige Schicht feiner Kieselsteine wurde als Bodenbelag gewählt.

Geranium macrorrhizum 'Spessart', ein Zitronen-Storchschnabel bildet mit seinem hellgrünen, duftenden Laub die Wegeinfassung und erfreut im Frühling mit vielen kleinen, rosa-weißlichen Blüten. Weitere Frühlingsfreude erfährt man in diesem Gartenteil durch verschiedene Tulpen-Sorten, weiße Narzissen und Schachbrettblumen, Bergenien und Nesseln. Schon im April geht es heiter zu, wie jetzt, wo ein Rosenbunt ohne Gelb und Weiß das Gesamtbild prägt.

An den Rosenbögen stehen 'Abraham Darby' und die kleinblumige 'Ghislaine de Féligonde'. 'Buff Beauty' wird jetzt noch von Frauenmantel bedrängt. Das Verhältnis wird sich umkehren. Kräuterstauden ergänzen die Pflanzung. Sie alle zaubern ein Blütenmeer zusammen mit den kleinblumigen Nelken und den zartfarbenen Englischen Beetrosen 'Dame Prudence' und 'Lilian Austin'. Letztere ist eine auffällige Erscheinung wegen des changierenden, ungewöhnlichen Farbspiels zwischen Lachs und Apricot. Ihre locker gefüllte Blüte verströmt einen vollen Duft. Die rote Heide-Nelke, *Dianthus deltoides* 'Brillant', deren Farbton hier nach einem Regenschauer im rötlichen Nachmittagslicht von besonderer Intensität ist, wird optisch mehr in den Hintergrund gedrängt, wenn die Rosen kräftiger geworden sind. Sie bleibt aber, wie die rosafarbene Kartäuser-Nelken *Dianthus carthusianorum*, ein Reizspiel für die Rosenfarben, weil sie die Farbnuancen aufgreift und verstärkt.

Nelken stoßen hierzulande immer noch auf Ablehnung, weil die Verwendung großblumiger Arten in der Floristik wohl etwas überstrapaziert worden ist. Betrachtet man das riesige Spektrum kleinblumiger Gartennelken, besonders unter dem Aspekt der Rosenbegleitung für romantisch anklingende Rosengärten, wird man Überraschungen erleben und Freude an der duftenden Vielfalt finden.

'The Reeve' auf leichtem Boden

Es gibt Rosen, die leichten Sandboden tolerieren (siehe Tabelle im Anhang). Dazu gehören viele Alte Rosen, Wildrosen sowie Arten und Züchtungen, die eine Wildrose als Elternteil haben.

Eigentlich ist der sandige Boden für einen Rosengarten ungeeignet. Aber die Englische Rose 'The Reeve' meistert diese Standortanforderung mit Bravour. Bei extrem sandigen Verhältnissen helfen Komposterde und Lehmgaben – anstelle des Lehms kann auch Bentonit verwendet werden; man kann ihn abgepackt im Gartencenter kaufen. Regelmmäßige Wassergaben und eine ausgewogene Düngung sind auf sandigen Böden besonders wichtig. Manches Mal wundet man sich, was ein leichter Boden doch hergibt, wenn man ihn richtig behandelt. Dazu sollte man möglichst viel über seinen Gartenboden wissen, und sich z.B. auch über den pH-Wert des anstehenden Bodens informierten. Für sandige Erde ist ein pH-Wert im Bereich 5,5 bis 6 gut, schwerer Lehmboden ist bei einem Wert von 7 ein gutes Substrat für die meisten unserer Gartenpflanzen. Einen niedrigen pH-Wert brauchen nur die Moorbeetpflanzen, wie z.B. Rhododendren und Azaleen.

Die Ursache für mangelndes Gedeihen liegt oft auch an der falschen Pflanzenwahl. Besonders auf sandigen Böden sollten die Pflanzen den Boden beschatten. Denn der grobporige Sandboden verdunstet unter Sonneneinstrahlung das wenige Wasser, das er halten kann, und wird schnell trocken – die Pflanzen kümmern und vertrocknen schließlich.

'The Reeve', die gut bauchhoch wachsen kann, steht hier im dritten Jahr im Vorgarten der Familie Korth. Sie sieht nicht sehr üppig aus, aber die Begleitpflanzen fühlen sich an diesem Standort sehr wohl. Sie machen den Mangel an Vitalität leicht wett. Hinten links steht der blaue Lavendel 'Hidcote' und vorne auf der linken Seite steht *Salvia nemorosa* 'Ostfriesland'. Um die Rose herum spielen Schafgarbenblüten von zartrosa Tönung bis zum kräftigen Rosa. Sogar der große Stauden-Phlox, dessen Knospen noch nicht aufgebrochen sind, steht hier zusammen mit *Alchemilla mollis*, dem anspruchslosen Frauenmantel. Sein hellgrünes Blattwerk bedeckt den Boden, die Farben harmonieren miteinander.

Eine andere schöne Kombination für sandige Böden zeigt die Englische Beetrose 'Symphonie' (Austin 1986) zusammen mit Perlkörbchen, *Anaphalis triplinervis* 'Sommerschnee', und der rosafarbenen Erdbeere, *Fragaria* 'Pink Panda'. Beide breiten sich teppichartig aus, so dass man der Rose im Nahbereich immer wieder Luft schaffen muss.

Die zwei Gesichter des Friesenwalls

Ein Friesenwall ist ein Schutzwall gegen den Wind in flachen Küstenlandschaften Norddeutschlands. Er wird gern bepflanzt mit Wildrosen der Art *Rosa rugosa*. In den letzten Jahren ist die Idee des Friesenwalls mehr und mehr landeinwärts gedrungen, wird variiert und funktioniert zur Abgrenzung gegen Straßenbetrieb und Lärm. Er stellt eine platzsparende Möglichkeit dar, Distanz zu gewinnen.

Die Feldsteine werden übereinander geschichtet. Dabei sollte der Wall ein leichtes Gefälle nach hinten aufweisen und mit Grassoden in den Zwischenräumen stabilisiert werden. Mit Erdreich wird der Hügel dann aufgeschüttet. Zur Innenseite im Garten entsteht so ein kleiner Hang, auf den man Rosen pflanzen kann.

Ob die Mauern in städtischen Neubauvierteln vom Stil her zu diesem traditionellen Bauwerk passen, steht auf einem anderen Blatt. Eine gewisse Ländlichkeit im Umfeld ist schon nötig, um Stimmigkeit zu erzielen. Auch die Pflanzenauswahl darf nicht zu süßlich sein. Oft geschieht es, dass eine rein rosafarbene Bepflanzung, z.B. mit Rose 'The Fairy' gewählt wird. Schon eine leichte Mischung mit anderen Gehölzen, wie hier – am Mauerende sichtbar – mit Kletterhortensien, schafft mehr Verbindung zur Urwüchsigkeit der Steine. Das süßliche dieser Rose ließe sich auch mildern durch rote Berberitzen und Gräsern wie Rasen-Schmiele oder Riesen-Schwingel. Auch *Spiraea japonica* 'Antony Waterer' nähme mit kräftigem Rosa-Rot der Blüte das übertrieben Süßliche aus dem Beet. Schweizer Weiden mit ihrem silbergrauen Blatt und die Korallenbeere, *Symphoricarpus orbiculatus*, sind ebenfalls geeignete Pflanzen, um die Situation zu entspannen. Von den immergrünen Gehölzen könnten Mahonien, kleinwüchsige Kiefern und *Rhododendron*-Yakushimanum-Hybriden dazu passen.

Das zweite Gesicht des Friesenwalls, die Innenseite, kann sehr unterschiedlich gestaltet werden. Entweder böscht man das Gelände lang ab und sät Rasen bis zur Hecke, oder man gestaltet einen Beetbereich, eine Mischhecke, ein buntes Innenfutter wie hier mit Strauchrosen, Fingersträuchern, Spieren, Kirschlorbeer und Lavendel.

Die Strauchrose 'Westerland' steht mit den japanischen Spiersträuchern in Weiß und Rosa neben den kleinblumigen Rosen 'The Fairy' in guter Nachbarschaft. Statt gelber Fingersträucher sollten die orangefarbenen Blüten der Fingerstrauch-Sorte 'Red Ace' sie begleiten. Mehr immergrüne Pflanzen wären für das Winterkleid des Gartens wichtig.

Kartoffelrosenhecken

Ihr Laub sieht dem der Kartoffel ähnlich – daher der Name. Man nennt sie auch Apfelrose, da sie einen zarten Duft verströmt. Aber *Rosa rugosa*, die wüchsige Wildrose, hätte besser »Rosa robusta« getauft werden sollen, meinte die Rosenkennerin Alma de l'Aigle. Der Name würde ihrer Natur eher gerecht werden.

Aus Richtung Ostsibirien kommend, ist unser Wetter für diese herblaubige, mit einem Pelz von Stacheln überzogene Rose eine Kleinigkeit. Erfrieren kann sie bei uns nicht und selbst extreme Standorte in trockenen Hanglagen, an Straßenrändern – Abgasen, Staub und Streusalz ausgesetzt – machen ihr nichts aus. Diese Eigenschaften prädestinieren sie natürlich für das öffentliche Grün, was leider oft mit einem gewissen Abnutzungseffekt verbunden ist. Tausendfach auf schnöden Verkehrswegen gesehen, mag man sie nicht auch noch im eigenen Garten anpflanzen.

Dagegen möchte ich meine eigene Erfahrung mit einer weißblühenden Rugosa-Hecke setzen, die ich als ländlich elegant bezeichnen würde. Attraktive Kombinationsmöglichkeiten bieten sich an, wie hier mit geschorenen Kiefern, auf einem Sylter Friesenwall.

Jetzt im August tragen die Rosen bereits Hagebutten, werden aber unermüdlich Blüten hervorbringen bis in den tiefen Herbst hinein, wenn die Finken bereits beginnen, sich an den Früchten zu laben. Kartoffelrosenhecken gibt es viele auf Sylt. Sie passen in die Kargheit der Landschaft, zum salzigen Sand und zu den Steinen; oft wuchern die Rosen vor sich hin und wachsen so unkontrolliert in die Breite. Da fällt diese wunderbare Gestaltung schon aus dem Rahmen. Die Kiefer-Igel, die ihrem äußeren Erscheinungsbild nach eine Fortsetzung des reetgedeckten Hauses darstellen und für das Winterbild besonders wertvoll sind, bilden einen wirkungsvollen Kontrast zur Rosenhecke. Die Schwerpunkte der Pflanzung wurden auf die Proportionen des Hauses abgestimmt.

Am Straßenrand im Binnenland bilden Mischhecken aus weißen und rosafarbenen Kartoffelrosen den Saum einer Fichtenhecke. Sie bietet einen schönen Anblick und den Anwohnern Lärm- und Sichtschutz.

Pflanzen, die durch häufigen, einseitigen Gebrauch nicht mehr reizen, können anziehend aussehen, wenn man sie auf eine andere Art und Weise einsetzt.

Von Lavendel gesäumt

Lavandula angustifolia *wächst am kräftigsten und blüht an langen Blütenstängeln. Die abgebildete Sorte 'Alba' ist deutlich schwachwüchsiger.*

Zwei starke Pflanzencharaktere treffen aufeinander, und wegen ihres gegensätzlichen Erscheinungsbildes harmonieren sie perfekt miteinander. Rosen der verschiedenen Farben bilden einen schönen Anblick zusammen mit Lavendel. Der duftende Halbstrauch gibt Beeten einen ordnenden Rahmen und begleitet – die Sinne ansprechend – Treppen und Wege.

Auch Lavendel gibt es in einigen Arten und Sorten, die unterschiedliche Blüh- und Wuchseigenschaften aufweisen.

Lavandula angustifolia ist winterhart. Hier im Garten der Familie Dingeldein säumt er den Weg. Rechter Hand erstreckt sich ein großes Rosenbeet mit Rose 'Sommerwind', die hier tatsächlich vom Wind geschüttelt wird. Als Begleitpflanzen wurden gelbe Fingersträucher der Sorte 'Goldfinger', blaublühende Stauden wie *Salvia nemorosa* 'Ostfriesland', *Veronica longifolia* 'Blaubündel' und Katzenminze, *Nepeta × faassenii,* gepflanzt, weiter rechts, schon außerhalb des Bildes, fließt die Gestaltung mit Frauenmantel, gelbblättrigem Holunder und Gold-Gleditschien noch mehr ins Gelbliche.

Die Beetrose 'Sommerwind' (Kordes 1985) wächst breitbuschig, ist robust und blüht reich bis zum Frost. Und dann werden die Lavendelsäume bis auf wenige Zentimeter Holz heruntergeschnitten. Daher sind die etwa 10 Jahre alten Pflanzen in der Basis reich verzweigt. Im Frühling bilden sie eine Vielzahl neuer Triebe, die den üppigen Blütenflor hervorbringen, und den wohl 12 m langen Aufgang zur Haustür zu einem besonderen Erlebnis machen.

Die Gesamtanlage strahlt Großzügigkeit und Klarheit aus – das ist das Markenzeichen eines guten Grundkonzeptes. Positiv ist zu bewerten, dass sich die Rosen und Stauden des Beetes auf der rechten Seite nicht linker Hand wiederholen, denn es wäre ja denkbar gewesen, dem Lavendel in einer symmetrischen Anordnung zu folgen; Platz steht schließlich ausreichend zur Verfügung. Der Betrachter erlebt so ein spannungsvolles Gegenüber von ländlich anklingendem, üppigem Blütenmeer auf der einen Seite und schlichter, großer Rasenfläche auf der anderen Seite.

Alternative Lavendel-Sorten sind die hier abgebildeten *Lavandula angustifolia* 'Alba' und 'Rosea'. 'Hidcote Blue' wächst niedriger und blüht dunkel violettblau, die Sorte 'Munstead' zeichnet sich durch schönes graues Laub aus, 'Grappenhall' trägt silbergraue Blätter und lavendeltypische violettblaue Blüten.

'Bonica 82' als Wegbegleiterin

Was erwartet man von einer Rose, die einen Weg säumen soll? Die Frage kann man nicht beantworten, ohne sich darüber bewusst zu sein, dass es Wege verschiedener Funktion gibt: Fußwege und Fahrwege zum Haus oder zur Garage können breit oder schmal sein. Wege im Garten können zum Lustwandeln einladen oder als »Verkehrsweg« genutzt werden. Sie sind mehr oder weniger einsehbar von Plätzen, an denen man sich oft aufhält. Der Wegrand im Vorgarten kann einen offiziellen oder einen dekorativ schmückenden Charakter haben, während in den rückwärtigen, privaten Gartenräumen andere Maßstäbe gelten. Funktion, Nutzung und Machart setzen die gestalterischen Prämissen für Wege und Wegräume.

Rosen als einzige Blühpflanzen vor der Haustür, wie hier in einem Stadtgarten, sollen lange blühen. Dann dürfen sie nicht mit überhängenden, stachelbesetzten Zweigen in den Weg wuchern und müssen pflegeleicht sein. Bei vielen Rosenpflanzen im Vorgarten will man nicht gezwungen sein, dauernd Verblühtes auszuschneiden oder gegen Krankheitsbefall anzukämpfen. Das Auge des Gestalters ist erst dann befriedigt, wenn die Pflanzen dem Haus schmeicheln und sich dem Stil, dem verwendeten Stein und dem Fassadenanstrich anpassen. Die Wuchshöhe steht im gutem Verhältnis zum Tor, zum Zaun, zum Eingang und zu anderen Pflanzen des Vorgartens. 'Bonica 82' (Meilland 1981) erfüllt all diese Bedingungen und lädt den Besucher freundlich ein.

Bei genauerem Blick ist man überrascht, wie viele unauffällige Zwischentöne die Rosenromantik des Vorgartens krönen. Das Gärtchen beherbergt kleine Wildblumen wie Gänseblümchen, Löwenzahn oder Weiß-Klee in seinem Rasen. Zwischen den Rosen gibt es Blattrosetten von Fingerhut. Das Haupthaus trägt einen immergrünen Efeupelz, während die seitlichen Gebäude von sommergrünem Wilden Wein und Kletterrosen überwuchert werden. Es ist eine durch und durch grüne Oase im Stadtbild, die im Herbst mit der Rotfärbung des Wilden Weins noch einmal die Blicke der Passanten auf sich zieht.

'Bonica 82' ist auch für leichte Böden geeignet und bildet hübsche Hagebutten aus. Eine duftende, auch in der Vase haltbare Alternative ist 'Bella Rosa' (Kordes 1982).

Ein Duftkorridor

Dieser langgestreckte Gartenraum ist der Rosengarten von Kiftsgate Court in England. »Eigenwillige Rosenpiste«, die Worte fielen mir beim Betreten dieses Raumes ein und auch jetzt schwanke ich noch zwischen Faszination und Ablehnung. Einerseits ist der anthrazitfarbene Stein elegant und passt mit seinem Farbton ausgezeichnet zu Alten Rosen mit ihrem typischen Farbenspiel zwischen Weiß, Rosa und Karmesinrot, andererseits wirkt der Weg zu hart. Vielleicht muss das Moos noch stärker wachsen, um dem Weg die Härte und den Ritzen die Dominanz zu nehmen.

Die gestreifte *Rosa gallica* 'Versicolor' und *Rosa gallica* 'Tuscany' in samtigem Purpurrot sind aus der ältesten Kulturrose, der sogenannten Apothekerrose, hervorgegangen. Sie duften sehr gut und setzen nach einer langen Sommerblütezeit Hagebutten an. Gut 1 m hoch wachsen die Ausläufer bildenden, aufrecht wachsenden Rosen, sie tolerieren arme Böden und Schattenlagen. Das macht sie zu ausgezeichneten Pflanzen für Hecken, deren Bänder oft durch Licht- und Schattenlagen laufen, bedingt durch Bäume und Häuser. Auch Mischpflanzungen mit Hortensien, japanischen Spieren, roten Berberitzen oder Ginsterbüschen sind interessant. Sie lösen die Rosenblütezeit ab und sind ansehnliche Partner, wenn die Rosen Hagebutten tragen. Rotlaubiges, als Begleitung für Rosencharaktere dieser Art, ist in die engere Pflanzenauswahl zu ziehen. Entscheidet man sich für rotlaubige Pflanzen, so sollte im weiteren Gartenbild diese farbspezifische Pflanzenverwendung fortgesetzt werden.

Hier gibt es linker und rechter Hand große Blut-Buchen, eine Blut-Buchenhecke am Ende des Rosengartens und einen rotlaubigen Perückenstrauch. Die Pflanzenwahl ist auserlesen, ebenso die Wirkung. Gleicherweise können grünweiß oder grün-gelb panaschierte Blätter einer Gestaltung das besondere Gepräge geben. Rotlaubiges bringt Wärme, aber auch Schwere ins Geschehen, graulaubiges und grün-weißes Laub verbreitet Kühle, aber auch Leichtigkeit; gelbes Laub bringt Licht und Wärme.

Zwei interessante, öfterblühende Rosen für rotlaubige Gartenbilder sind die kleine Strauchrose 'Flash Meidiland' (Meilland 1994) und die buschig wachsende 'Fairy Prince'. 'Flash Meidiland' erinnert an chinesische Rosen, wächst grazil 1 m hoch und trägt becherförmige, duftlose Blüten. Ganz anders in der Wirkung ist die kleinblumige, buschigwachsende 'Fairy Prince', bis 80 cm Höhe. Mit der Fülle ihrer niedlichen kleinen Blütengeichter ist sie eine schöne Rose für romantische und ländlich bäuerlich ausgerichtete Gärten.

Als Wegebelag wirken Natursteine edler als Kunststeine. Eine gute, preiswerte Lösung für Gartenwege sind Beläge aus Brechsand, Promenadenkies und Kiesel in der Körnung 2/8 mm.

Lichtblicke in Schattenlage

Eben aus der Kronentraufe einer mächtigen Roßkastanie herausgewachsen, nun beschattet durch weitere Laubgehölze – von Osten und Süden – gedeiht eine Rose. Nur nachmittags bekommt die öfterblühende 'Eyepaint' (McGredy 1976) für wenige Stunden Sonnenschein – das scheint ihr zu genügen. Jedenfalls sieht sie gesund aus; nur ein wenig geilwüchsig wurde sie im Schatten: weich, bogig und anlehnungsbedürftig ist sie nun.

Philadelphus, ein Pfeifenstrauch mit dem Sortennamen 'Manteau d'Hermine', ist ihr Partner. Er ist ein eigenartiger Blickfang, denn das Auge wird ganz unverhofft zu dieser kleinen Szene geführt. Einige Momente vorher war der Blick noch wie gebannt an der wadeblue gestrichenen Bank, glitt eine Ilexhecke entlang und zu der Kastanie, an der einige Wege des raffiniert angelegten Gartens aufeinander treffen. Die Treppe führt steil abwärts, Heckenpflanzungen setzen ein, streben in verschiedene Richtungen und der Blick ruht auf der Eisenbank, neben dem gefleckten Holunder, am Fuße des dicken Kastanienstammes – welch ein Blau! Und dann erst fällt das Auge auf das Rot der Rose.

In beiden Szenen ist es gelungen, mit wenigen Mitteln Stimmigkeit zu schaffen, die eine Aussagekraft besitzt. Das gelingt nur, wenn konsequent und konzentriert an einem Thema gearbeitet wird: Es kann ein Farbthema sein oder um die Ausarbeitung einer Gartenstimmung gehen. Ein weiterer Grundsatz der Gartengestalung heißt: Weniger ist mehr – Besonderheiten fordern einen angemessenen Raum. Der Holunder heißt *Sambucus nigra* 'Pulverulenta' und ist dem ebenfalls klein- und langsamwüchsigen *Sambucus nigra* 'Albopunctata' ähnlich. Wie alle Besonderheiten sind sie schwer erhältlich.

Die meisten Gärten haben häßliche Schattenecken. Solche Räume mit ausgewählten Pflanzen und Objekten zu einem besonderen Gartenteil werden zu lassen, ist eine anspruchsvolle Aufgabe.

Großraumrose – auch für kleine Gärten

Großwüchsige Rosen können auch in kleinen Gärten als strukturbildende Gehölze wirken, sie eignen sich besonders gut als Schattenspender für Sitzplätze unter Pergolen und Lauben.

Gärten haben es nötig, in dreidimensionale Räume gegliedert zu werden, unabhängig von ihrer Größe. Denn es ist ein weitverbreiteter Irrtum zu glauben, dass ein kleiner Garten am größten wirkt, wenn man den Innenbereich flach und ungegliedert gestaltet, während sich außen herum eine große Sichtschutzvorrichtung auftürmt. Es ist viel reizvoller – gerade in kleinen Gärten – innerhalb des Grundstückes mit Hecken, Mauern und Bäumen intime Ecken und Schutzbereiche zu schaffen, um an anderer Stelle mehr Offenheit praktizieren zu können. Denn geschickt lässt sich die Wirkung großer Gehölze von Nachbargärten in die eigenen Gestaltungsabsichten mit einbeziehen und man selbst pflanzt mittelhoch wachsende Gehölze, wozu Pfeifensträucher, Kornelkirschen, Obst und Zierobst, Felsenbirnen, Magnolien, Ahorn-Arten und natürlich auch Strauchrosen zählen. Auch großwüchsige Stauden können strukturbildend wirken. Ich denke an Rittersporn-Arten, Federmohn, große Gräser- und Bambus-Arten sowie Lilien – wie hier die sichtbare *Lilium × testaceum* – die diese wichtige gestalterische Rolle erfüllen können.

Aber kommen wir zu den Rosen – zur imposanten Gestalt von Rose 'Cerise Bouquet' (Kordes 1958), die hier etwa 8 m breit und 4 m hoch im Halbschatten wächst. Mit der frühblühenden *Clematis alpina* hätte man zu dieser Zeit den zierenden Samenstand zur Rosenblüte. Ihrer Hauptblütezeit im Juni folgt eine schwache Nachblüte im Herbst. Das besondere Merkmal dieser Rose ist ihr starker, offener, sehr locker wildhaft anmutender Wuchs. Das legt den Schluß nahe, sie für wildhafte Gärten zu empfehlen. Nur der Blütencharakter und der Farbton dieser Rose passen nicht recht in die natürlichen Gärten. Wunderbar macht sie sich mit ihrem markanten Astwerk in kleinen Gärten im japanischen Stil als Solitärgehölz zusammen mit rotlaubigen Ahorn-Arten, Bambus, Rhododendren und Azaleen. Als Solitärgehölz im Park sieht sie prächtig unter großen Bäumen aus. In kleinen Gärten sehe ich sie als Schattenspender an Pergolen, wo man ihr starkes Geäst als Rankhilfe für Kletterpflanzen wie Gold-Hopfen oder windende Heckenkirschen nutzen kann. Entzückend wäre die stark duftende, rosa-weißliche kleinblumige *Clematis flammula* 'Rubro Marginata'. Sie blüht von August bis Oktober und wird 5 bis 7 m hoch. Elegant dagegen wäre eine Kombination mit der rosa-weiß geränderten, sehr großblumigen *Clematis* 'Captain Thuilleaux'. Auch sie gedeiht gut im Halbschatten und blüht von Juni bis August bei einer Wuchshöhe bis 3,50 m.

Im Einklang mit 'Cerise Bouquet'

Es sind viele verschiedene kleine Blütengesichter, die 'Cerise Bouquet' zu Füßen wachsen, ihr grobes Geäst verbergen und mit ihr in einem Farbeinklang stehen. Lediglich ein helles Gelb in Gestalt der Weinraute, unten links, und *Helichrysum arenarium* 'Sulphur Light', daneben, geben einen leichten Reiz der Gegensätzlichkeit hinein. Das tiefe Beet zeigt einen klassischen Aufbau mit der Abstufung nach vorne.

Wunderbar gleiten die üppig wuchernden Stauden ineinander, wie Kumuluswolken türmen sie sich auf. Als besonders rundwüchsig fallen zwei Storchschnabel-Arten auf, das hellblaue *Geranium pratense* 'Strictum' und das rosafarbene *Geranium endressii × G. versicolor* 'Claridge Druce'. Beide vermehren sich durch Versamung. Etwas markanter tritt der rosafarbene Diptam, *Dictamnus albus,* hervor mit seinem aufstrebenden rosafarbenen Blütenstand und den rostbraunen, sternförmigen Samen, die übrigens den ganzen Winter am Stengel bleiben und an Sternanis erinnern. Diptam ist eine sehr hübsche, ungewöhnlich duftende Pflanze, die mit ihrer Standfestigkeit und dem attraktiven grau-blau-grünem Laub gut als Solitär gesetzt werden kann (siehe Seite 143).

Hier im Bild sieht man das Laub einer bereits verblühten Pfingstrose rechts vor dem hinteren Diptam. Päonien haben sehr hübsches, flächig wirkendes Laub. Dies ist ein wichtiger Aspekt bei der Gestaltung von Staudenpartien im Zusammenhang mit Strauchrosen, denn man benötigt unbedingt die spannungsvolle Abwechslung auch beim Blattwerk. Kleinblättriges, Filigranes wird in seiner Wirkung gesteigert durch Großblättriges, Glattes und umgekehrt.

Auf ein außergewöhnlich robustes und attraktives, Trockenheit und Halbschatten vertragendes Gehölz sei in diesem Zusammenhang noch hingewiesen: *Kolkwitzia amabilis.* Sie wird 2 bis 3 m hoch und breitet sich mit weigelienähnlichen Blüten malerisch aus. Nach der Blütezeit von Mai bis Juni wird aus der zartrosa-weißen Wolke eine lindgrün-braune – und immer noch wirkt der Strauch interessant. Jetzt kommt ein kleiner Kunstgriff für den Rosengarten: Kolkwitzie wird in die Nachbarschaft von Rosen gepflanzt, die braun gewordene, verblühte Blüten schlecht fallen lassen können, wie z.B. 'Cerise Bouquet'. Bei dieser Kombination entsteht nicht das unschöne Bild, das von vergammelten Rosenblüten ausgeht. Mit den zierlichen rehbraunen Samenständen macht die Kolkwitzia das Braun zum Gestaltungthema. Auch Diptam und Storchschnabel-Arten lassen sich mit ihren Samenständen in das Spiel sehr gut einbeziehen.

Schöne Partner für 'Cerise Bouquet' sind alle rotlaubigen Gehölze sowie Tamarisken in sonniger Lage.

Weiße Rosen
und viel Heiterkeit

Hitze passt zu Heiterkeit, zu lauten Tönen und zu Vielfalt, wie Schatten zur Melancholie, zur Stille, zu gedeckten Tönen und zur Reduzierung. Daran kann man sich orientieren, um die Pflanzenauswahl ein wenig einfacher zu gestalten.

Der attraktive Terrassengarten von Kiftsgate Court heißt »White Sunk Garden« – vielleicht wurden er so genannt, weil er ausschließlich weiße oder cremefarbene Strauchrosen beherbergt, die hier in ganz unterschiedlicher Gestalt anzutreffen sind. Aber Rosen spielen in diesem Garten eine eher untergeordnete Rolle. Gut nachvollziehbar ist hier die Gestaltung eines Gartenraumes mittels Hecken. Die ruhigen Hintergründe erlauben eine feine Innenarchitektur. Hier ist die geschnittene Hecke auch Bühne für Strauchrosengestalten und andere Solitärgehölze, denen man weitere Pflanzen – teilweise durch Formschnitt gestaltet – beigeordnet hat. Für den Formschnitt eignen sich besonders gut die immergrünen Gehölze Buchsbaum, Liguster, Eibe, Ilex und Feuerdorn.

In diesem Fall bilden Eiben die Außenhecke und innen herrschen die Formschnittstrukturen des Buchsbaums. Auch gelb- und weißblühende Fingersträucher hat man rundgeschnitten.

Während Deutzia monbeigii *und die weißen Rosen den großen Rahmen vorgeben, verschmilzt unter den kugelförmigen Blütenständen von* Allium christophii *und den lachsrosa* Alstromeria-*Ligtu-Hybriden eine Vielzahl kleinblumiger Pflanzen zu einem bunten Blütenteppich. Das kleine Bild zeigt u.a. braune Binsenlilien, rote Federnelken und gelbe Hornveilchen.*

Mit Rittersporn und weißen Lilien

Rosen mit Lilien kombiniert können von sehr unterschiedlicher Wirkung sein. Pflanzungen in Gelb, Orange und Rot wirken deutlich lebendiger als diese Gruppe, bleiben aber immer etwas getragen in der Ausstrahlung. Die Bilder zeigen Lilie 'African Queen' in Knospe und voller Blüte.

Nahe des Wohnhauses in Kiftsgate Court zeigt ein Beet der »Four Squares« einen Gartenklassiker: die Beetbepflanzung mit Rosen, Ritterspornen und Lilien. Sie ergänzen sich aufs Beste und zwar nicht in einer Rangordnung, sondern durch Ergänzung ihrer unterschiedlichen, gleichstarken Charaktere, die hier in einen sanften, pastellfarbenen Farbzusammenhang gebracht worden sind mit einer Tendenz zu Weiß. Der grün-weißblättrige Strauch im Hintergrund, *Pittosporum tenuifolium*, verträgt nur bis minus 10 Grad Celsius Frost. Er lässt diese Gruppe licht erscheinen. Hier bedeutet »licht« nicht »leicht«, sondern eher »vornehm zurückhaltend«. Eine sakral angehaucht Stimmung geht von den weißen Lilien im Zusammenhang mit dem violetten Rittersporn aus.

Pflanzt man weiße Lilien mit roten oder gelben Rosen und dazu blauen Rittersporn, klingt eine weitere Allegorie der Lilie an. Sie ist nicht nur die Totenblume, die mit Ehrfurcht oder sogar einer gewissen Ängstlichkeit gemieden wird, sondern sie steht auch für Reinheit im Sinne von Jungfräulichkeit und gilt als Sinnbild für die edle Gesinnung, für Schönheit, Liebe und Licht. Die Königs-Lilie, *Lilium regale*, mit dem rosafarbenen Knospenbild wirkt nicht so wächsern wie die reinweiße *Lilium regale* 'Album' oder andere Sorten in dieser Farbe. Die weiße Türkenbund-Lilie mit ihren nach unten geneigten, kleinen Glockenblüten, aus denen gelbe Staubgefäße herausleuchten, wirkt schon fast heiter. Ganz anders die Trompeten-Lilie 'African Queen'. Sie ist hübsch für gelb-blaue aber auch gelb-rote oder rosagelbe Kombinationen mit Rosen und Begleitstauden. Hier im Bild sehen wir neben *Lilium regale*, der hohen weißen, die Sorte 'Pink Perfection', die ihre Knospen noch nicht geöffnet hat. Vor der Liliengruppe in niedriger Abstufung wächst die Beetrose 'Regensberg', eine Rose mit »Spitzenkragen«. Dieser Eindruck entsteht durch die weißen Blütenblattränder, die dieser Rose eine besondere Note geben und sie für Kombinationen mit weißen Blüten prädestiniert. Daneben steht die robuste, rosafarbene Floribunda-Rose 'Cosmopolitan' in üppiger, lockerer Schönheit (Buismann 1955).

Von Rittersporn gibt es viele Sorten. 'Fanfare' und 'Leonora' sind fliederfarbene Sorten, die der abgebildeten Sorte ähneln. Sie werden 1,8 m und 1,5 m hoch.

'Händel' mit 'Ballerina'

Bei der Kombination von Rosen, sei es mit oder ohne weitere Begleitpflanzen, gibt es einiges zu bedenken. Nicht alle Rosen sind miteinander in Einklang zu bringen und wirken unglücklich nebeneinander. So sind zum Beispiel Edelrosen eher schlecht mit Wildrosen in Einklang zu bringen, während Alten oder Englischen Rosen die Nachbarschaft einer einfachen Schalenblüte gut zu Gesicht steht. Teehybriden lassen sich ohnehin am besten mit ihresgleichen kombinieren, auch bedingt durch das Farbspektrum. Ihre oft vollen, leuchtenden Farben lassen die gebrochenen Töne Englischer und Alter Rosen in der Tat alt aussehen.

Gute Zusammenstellungen findet man nach den beiden grundsätzlichen Fragestellungen: Wo finde ich Gleiches, Verbindendes oder eben Gegensätzliches, sich anziehend Ergänzendes? Dabei ist auf die Form und das Farbbild von Blattwerk und Blüte zu achten sowie auf die ganze Strauchgestalt.

In Kiftsgate stehen rechts und links von einer Tür die Rosen 'Händel' und 'Ballerina'. 'Händel' (Mc Gredy 1965) ist eine robuste, öfterblühende Kletterrose mit geringer Wuchshöhe von etwa 2 m. Die rahmweißen Blütenblätter mit rosafarbenem Rand verbindet sie mit 'Ballerina', der Kleinstrauchrose (Bentall 1937). Gegensätzlich ist ihre Blütenform und Erscheinung: Während 'Händel' halbgefüllte, große, ballförmige Blüten zu wenigen oder gar einzeln am Zweig präsentiert, stehen bei 'Ballerina' dutzende kleiner, einfacher Schalenblüten zu vielen nebeneinander an einem Stiel. 'Ballerina' bildet einen kleinen, runden, fülligen Strauch, während 'Händel' schlank aufstrebend wächst.

Aber auch genau andersherum wäre eine Kombination denkbar . Die kleinblumige Kletterrose 'Francis E. Lester' an der Wand kann einen lieblichen Hintergrund für die Strauchrose mit großen Blüten 'Fritz Nobis' im Vordergrund bilden. Dabei liegt die Dominanz auf der Großblumigkeit und auf der edleren Form.

Das Farbbild in dieser Beetgestaltung bewegt sich in Pastelltönen und bekommt mit den leuchtend gelben Blüten von *Tanacetum ptarmiciflorum* 'Silver Feather' einen lebendigen Reiz. Die Unterpflanzung besteht hauptsächlich aus Storchschnabel-Arten, Klee und Nelken.

Kleinblumige, ungefüllte Rosen werden mit großblumigen Rosen kombiniert und umgekehrt. Nur Edelrosen mit ihrer distanziert wirkenden Eleganz stehen besser unter ihresgleichen.

Rosenrot
vor sattem Grün

Auf den ersten Blick nicht erkennbar, stehen hier tatsächlich drei verschiedene Sorten von Floribunda-Rosen beieinander, durchsetzt und umgeben von einem roten, zurückgeschnittenen Perückenstrauch und rotblühenden Astilben 'Granat'.

Astilbe 'Fanal' wäre ebenfalls eine rotblühende und sogar rotlaubige Sorte in ähnlicher Höhe bis 80 cm, 'Spinell' eine Dritte im Bunde. Etwas später, von Juli bis August blüht 'Rotlicht' mit dunkelgrünem Laub bis 80 cm. 'Sparta' wird 60 cm hoch und ist dunkelrot und ungewöhnlich großblumig. Mit 1,60 m Höhe in Karminrosa präsentiert sich 'Salland'. Von August bis September gibt es eine Lachsrote mit dem Namen 'Feuer', die bis 80 cm hoch wächst. Ebenso hoch wächst, leuchtendrot blühend, die Sorte 'Glut'. Von Astilben gibt es außerdem verschiedene rosa- und weißblühende Arten und Sorten, die fast alle einen feuchten, halbschattigen Standort bevorzugen.

Zurück zu den Rosen, zurück zu dem Farbspiel in fein abgestuften Rottönen: Rose 'Frensham' (Norman Harkness 1946) ist die großwüchsigste in einem mittleren Rotton. 'Lilli Marleen' (Kordes 1959) ist die niedrigwüchsigste mit dunkler Blüte und 'Evelyn Fison' (McGredy 1961) hat das hellste, leuchtendste Rot dieser drei leicht duftenden und reich blühenden Beetrosen.

Dieser kleine Kunstgriff, sich ähnelnde und doch verschiedene Rosengesichter und Farbnuancen auszuwählen, macht die Wirkung dieser Pflanzen noch satter. Der Monotonie wird vorgebeugt. Einige Rosen-Sorten tragen solch ein Farbspiel in sich – in einer Sorte. Man findet diese Erscheinung besonders bei Englischen Rosen. Das gehört zu ihren typischen Reizen.

Neben dem roten Perückenstrauch gibt es rotlaubige Berberitzen, die hier im Bild nicht sichtbar sind, und die schöne Strauchrose 'Scharlachglut' (Kordes 1952). Das Portrait zeigt diese ausdrucksvolle, samtigrote, große Schalenblüte mit den goldenen Staubgefäßen, die im Herbst zu einer großen Hagebutte heranreift. Bis 3 m hoch wächst 'Scharlachglut' als freistehender Strauch und wird zu einem markanten Blickpunkt sowie zu einer strukturgebenden Gestalt. Für die Gesamtwirkung einer roten Pflanzenkomposition ist das satte Grün der Umgebung als Komplementärfarbe unerlässlich.

Neben den satten und glatten Farben und Texturen bilden die silbergrauen, rötlich angehauchten Samenstände von Clematis alpina, *vor den Rosen auf dem Mauerkopf, einen spannungsvollen Kontrast. Der ins Bild ragende Ginster knüpft daran an.*

Und ist das Gärtchen noch so klein …

Kleine Gärten profitieren davon, wenn sie nach einer Gestaltungsidee oder einem Farbthema angelegt worden sind.

Auch in kleine Gärten passt zumindest *eine* Rose hinein. Manchmal hat das Vorgärtchen immerhin noch 4 × 6 m und lässt einen Gartenzaun zu, über den eine Rose hinweg schauen kann, die verschämt hindurchwachsen und ganz unverschämt duften kann, wie diese hier. Sie ähnelt stark der Moos-Rose 'Capitaine John Ingram' (Laffay 1954). Sie blüht nur einmal in den Monaten Juni und Juli, toleriert arme Böden und wird nicht höher als 1,2 m. Ihr Rot ist von ungewöhnlicher Tiefe, changiert beim Verblühen ins Bläuliche, manchmal auch in einen karminrosa Farbton.

Der Nachbar ergänzte das Bild und schuf ein Zusammenspiel mit der Zistrose, *Cistus × purpureus.* Die Farben ihrer Blütenzeichnung finden sich in der Rose und in der gelblaubigen *Perovskia* wieder. Zistrosen sind nicht mit den Rosen verwandt, die einfachen Schalenblüten haben nur ein ähnliches Aussehen. Die frostempfindlichen Sträucher eignen sich für mildes Weinbauklima.

Wenn nun aber das Vorgärtchen in der Stadt liegt und eigentlich doch nur einen Streifen breit ist und am Fußweg sich erstreckt, muss man sich etwas anderes einfallen lassen. Mit viel Liebe zum Detail wurden hier zwei Hochstammrosen installiert. Sogar die Idee eines Gartenzaunes wurde verwirklicht. Auch wenn es eigentlich nur Gartenzaunschellen sind, die die Rose an der Wand fixieren, tragen sie doch die typische Idylle hinein. Und wie es sich für so eine Gartenzaunträumerei gehört, »spähen« kleine Blütengesichter zwischen den Latten hindurch, hellblauer Lavendel und rosa-rote Petunien. Es ist eine auf den Punkt gebrachte, gelungene Gestaltung, mit der flach an die Wand gebrachten Hochstammrose 'Mariandel' (Kordes 1985).

Noch reduzierter steht 'Rosarium Uetersen' (siehe Seite 119) vor einem alten Stadthaus. Auch hier wurde mit Liebe zum Detail gearbeitet. Die Rosen ergänzen die Schmuckformen des Hauses. Man lässt sie ganz bewusst vor die Scheiben wachsen und genießt die Pracht auch von innen durch den grobmaschigen Vorhang hindurch.

Bitburger
Rosenstube

Viele Steine gab's ...

Die Rose ist eine vielgesichtige Pflanze und mannigfaltig einsetzbar, wenn man das Wissen um die Eigenschaften der Sorten respektiert. Was man nur nicht machen darf, das ist, von einer Sorte alles zu verlangen. Es kann eine Blüte nicht gleichzeitig die seidigste Blütenblätterfülle haben mit dem Charme und Duft der Alten Rosen und dabei ein absolut wetterfester, gesunder Dauerblüher für alle Standorte sein. Manchmal empfinde ich die Ansprüche, die der Rose entgegengebracht werden, überzogen. Wenn man einmal darüber nachdenkt, welcher Strauch mit so langen Blühzeiten und soviel Pracht aufwarten kann, fällt einem nicht viel ein, denn genaugenommen sind die rosenzüchterischen Erfolge ganz erheblich. Man muss nur auch das Seine tun, um nicht enttäuscht zu werden, nämlich, die richtigen Sorten an den geeigneten Standort pflanzen und den Rosen die nötige Pflege zukommen lasssen. An Extremstandorten sind die Pflegearbeiten besonders wichtig.

Die »gestalterische Hand« bedenke also, dass die »pflegerische Hand« die Rose gesund halten muss. Man stelle sich einmal dieses Rosenrundbeet pilzerkrankt und schütter vor – welch ein jämmerlicher Anblick an so exponierter Stelle! Hier haben wir einen Extremstandort mit vielen Steinen und Sand bis 30 cm Tiefe. Da ist gute, mineralhaltige, humusreiche Gartenerde für das Rundbeet ein Muss, denn der Boden kann sonst nicht genug Wasser halten, um in dieser sonnenexponierten Gartensituation die Pflanzen zu versorgen. Ähnliche Probleme gibt es häufig bei Terrassenanlagen mit Böschungen. Durch den Unterbau von Steinbelägen kommen Sand und Schotter in die Gärten. Oft ist es zuviel, oder der Unterbau wird in der Fläche überdimensioniert und reicht in die Beetbereiche hinein. Auch Standorte nahe dem Haus müssen auf Bodentauglichkeit überprüft werden und mindestens 80 cm breit und tief verbessert werden. Bei Überdachungen, also an trockenen Plätzen, muss die Rose entweder etwas weiter entfernt von der Mauer angepflanzt und dann an die Wand herangeführt werden, oder man wässert die ersten 2 bis 3 Jahre kontinuierlich, bis die Pflanze das Wurzelwerk soweit ausgedehnt hat, dass sie sich vom Regenwasser bedienen kann. Wenn der Standort so aussieht wie hier, mit den Rosen 'New Dawn' und 'Pauls' Scarlet Climber' an der Wand, dann helfen nur Wasser- und Düngergaben weiter.

In der norddeutschen Rosenstadt Eutin gibt es viele schöne, rosenbewachsene Häuserfronten und Gärten zu bewundern.

Am Rosengarten

Mitten in der Rosenstadt Eutin gibt es nicht nur etliche Rosenanpflanzungen mit stadttypischer Steindominanz, sondern auch verwunschen Romantisches. Kaum vorstellbar ist, dass an dieser Stelle der Verkehr durchflutet und die Fußgängerzone mit Geschäftshäusern und Läden beginnt. Es ist eine der geschäftigsten Ecken hier. Umso erstaunlicher erscheint einem dieser Platz – fast unwirklich mit seinen Damascena- und Bourbon-Rosen, sowie der Stacheldrahtrose, *Rosa omeiensis* f. *pteracantha*, am Gartenzaun. Der gusseiserne Gartenzaun hat Skulpturcharakter und die Tatsache, dass duftende Rosenblüten die Gartenpforte versperren – der Eingang wird dem Besucher verwehrt – lässt die Fantasie noch mehr aufblühen.

Ich empfehle diesen Garten wie ein Denkmal. Märchenhafte Ruhe wohnt der Anlage inne. Der eigenwillige Zauber entsteht durch das Zulassen einer Urwüchsigkeit und nicht durch den Drang, alles im Griff haben zu wollen. Dazu gehören das Licht- und Schattenspiel unter Bäumen und Gebüschen, sowie Rank- und Kletterpflanzen, die Undurchdringlichkeit schaffen durch ihren verschlungenen Wuchs. Am Boden dürfen hoch- und niedrigwachsende Stauden jedes Fleckchen Erde bedecken. Die Wege mit den Pflastersteinen dürfen bemoost sein und Wildpflanzen sind als Gäste willkommen und werden genauso wie die sich selbstaussamenden Stauden auf ein gestalterisch erträgliches Maß reduziert.

Um gleich einige Irrtümer aus dem Weg zu räumen: Ein verunkrauteter Garten sieht anders aus als ein Garten mit Wildwuchs. Es erfordert Erfahrung, den wildhaften Anteil so zu steuern, dass er romatisch gestaltet aussieht, statt ungepflegt und verwildert. Allerdings werden für den, der unsere heimische Pflanzenwelt nicht mag, diese Unterschiede vielleicht nicht nachvollziehbar sein.

'Louise Odier' steht in der Gartenpforte und 'Mme Isaac Pereire' wächst ein paar Schritte weiter am Gartenzaun neben einer Stacheldrahtrose. Der wunderbare Duft dieser beiden Bourbon-Rosen ist eine Köstlichkeit für Fußgänger.

Verwandtschaft vom Lande

Das kleine Bild zeigt Clematis *'Mme Julia Correvon' zusammen mit dem Zylinderputzer,* Callistemon rigidus. *Letzterer ist sehr frostempfindlich und deswegen nur für das milde Weinbauklima zu empfehlen.*

Markant und unverwechselbar ist die Rosen-Sorte 'Excelsa'. Hier wird sie in ihrem Element gezeigt, denn bäuerlich darf es in der Umgebung dieser Rankrose (Walsh 1909) sein. Sie hat eine lange Blütezeit im Sommer und sieht danach eine Zeit lang unansehnlich aus, da all die abgängigen braunen Blüten an ihr haften. Gegen solche Erscheinung lässt sich etwas unternehmen, das Auge muss in dieser Zeit auf andere reizvolle Ecken des Gartens gelenkt werden.

Eine weitere Möglichkeit bietet die direkte Nachbarschaft zu *Lonicera heckrottii* oder Clematis in einem Rotton, der das Braun mit einbezieht. Clematis 'Niobe' trägt rotbraune Blüten, die zweimal im Sommer, aber eher vor und nach der Rosenblüte erscheinen. Clematis 'Maureen' erscheint im purporroten Blütenkleid mit leicht violettem Farbstich und braunen Staubgefäßen. Sie blüht gemeinsam mit 'Excelsa' und über deren Blütezeit hinaus. Beide Clematis-Sorten gehören zu den großblumigen Clematis-Hybriden. Eine kleinblumige, sehr wuchsfreudige rotblumige ist *Clematis viticella* 'Mme Julia Correvon'. Sie blüht von Juni bis zum September. Ausgesprochen passend wäre die Rotlaubigkeit einer Berberitzengruppe oder -hecke.

Etwas eleganter geben sich Blut-Buchenhecken, und als Einzelgebüsch wäre der Perückenstrauch am schönsten. Große rotlaubige Großgehölze für den Hintergrund findet man in Blut-Hasel, Blut-Pflaume und rotlaubigen Ahorn-Arten. Rotlaubiger Holunder und die rotblättrige Weigelie bringen neben der ungewöhnlichen Blattfarbe ihren Blütenschmuck mit in das Pflanzbild ein.

Die begrünte Pergola vor dem Bauernhaus an der Straße zeigt eine ländliche Partnerschaft, die ich Stadtgärten zur Nachahmung nur empfehlen kann: Brombeeren stehen hier zwischen Kletter- und Rankrosen. Das »Webbild« mit 'Excelsa' ist gelungen, auch wenn man das Blattwerk betrachtet. 'Excelsa', mit dem zierlichen Laub, steht im wirkungsvollen Gegensatz zu den großlaubigen Brombeerblättern. Man sieht deutlich die Ähnlichkeit zwischen Brombeeren und Rosen. Tatsächlich gehören beide der gleichen Pflanzenfamilie an, den Rosaceae. Viele unserer Obstgehölze gehören dazu, wie z.B. Apfel, Birne, Pflaume, Pfirsich, Himbeere und Erdbeere. Sie alle haben die einfachen schönen Schalenblüten, ähnliches Blattwerk und manchmal auch Stacheln. Wenn 'Excelsa' verblüht ist, werden zuerst rot-braune, dann glänzend blauschwarze Früchte die Pergola zieren, oder – sofern man die öfterblühende Neuzüchtung 'Super-Excelsa' gewählt hat – zusammen mit den Blüten glänzen.

Solotänzer

Holzgerüste für freistehede, dominierende Kletterrosen sehen nur dann malerisch aus, wenn sie nicht allzu perfekt gebaut worden sind. Krumme Hölzer und sägerauhe Oberflächen wirken natürlicher. Besonders haltbar ist das Holz von Lärche, Robinie, Eiche und Esskastanie.

Mitten im großen Rosengarten von Mottisfont Abbey steht 'Purpurtraum', eine dunkel purpurrote Wichuraiana-Rose (Kaiser und Seibert 1923) an einem schlichten Holzgestell.

Beim Herumgehen in diesem Gartenbereich versuche ich wieder Bezugspunkte für die Standortwahl zu finden und entdecke schließlich, dass der Rose 'Purpurtraum' eine Rolle als »Solistin« gegeben wurde. Andere Plätze wären in diesem Garten ähnlich attraktiv gewesen wie dieser, denn die intensive Blütenfarbe zieht einfach den Blick auf sich und lässt das Umfeld in den Hintergrund treten. Im Nahbereich der Rose sind weiße Blumen angesiedelt, was ihrem lieblichen Ausdruck mehr Klarheit und Reinheit – im Sinne von Jungfräulichkeit – gibt. Mit »Schneeweißchen und Rosenrot«, kann man die märchenhafte Pflanzung aus weißem Phlox und weißem Fingerhut betiteln. Andere schöne weiße Partner böten sich der Rose in der weißen Bertramsgarbe, dem weißen Rittersporn, weißen Skabiosen, dem fein gesponnenen weißen Schleierkraut, weißen Lilien und weißem Diptam oder grün-weiß panaschierten Gräsern und Laubgehölzen.

Als interessante Variation der eben beschriebenen Gartenszene kann ich mir rotlaubige Rosenpartner vorstellen. Eine Hecke oder geometrisch geschnittene Elemente der Blut-Buche; einen lockeren, mit Lichtpunkten belebten Hintergrund aus der rotlaubigen Zwergblut-Pflaume, *Prunus cerasifera* × *cistena*, mit einer Wuchshöhe bis 2,50 m und zart hellrosa-weißlichen Blüten. Eindrucksvoll wäre dazu ein Meer kleinblumiger Stauden in blau-, violett- und dunkelroten Farbtönen, die etwa in Kniehöhe blühen und der »Solistin« zu Füßen liegen. Ich denke an *Lavandula angustifolia* 'Munstead' oder die Sorte 'Grappenhall' zusammen mit der roten Witwenblume, *Knautia macedonica*, und fliederfarbener *Salvia nemorosa* 'Plumosa'. Dabei wäre der mengenmäßige Schwerpunkt der Pflanzenwahl auf Lavendel zu setzen. Rankende Partner findet so eine Rose in großblumigen Rosen-Sorten, wobei man hellrosa, weiße, cremegelbe sowie aprikosenfarbene Sorten neben sie stellen kann. Als besonders schöne Partnerin, wegen ihrer rötlichen Knospen, bietet sich die cremegelbe duftende Kletterrose 'Céline Forestier' (Trouillard 1842) an. Eine weitere Schönheit als Partnerin wäre die rosa-weißliche 'Madame Alfred Carrière' (Schwartz 1879). Aber auch großblumige Clematis können aufregende Partner für diesen Rosentyp sein. Ich denke an die himmelblaue, alte Sorte 'Perle d' Azur' die reinweiße Clematis 'Mme Le Coultre' oder die weiße, mit karminroten Staubgefäßen geschmückte 'Dronning Ingrid'.

191

Viel Apricot um blaue Kugeln

Eiserne Rank- und Stützgestelle passen gut zu Rosen. Es ist vorteilhaft für die Gesamtwirkung eines Gartenbereiches, wenn sich die Materialien wiederholen – sei es im Zaun oder in Form eines Rosenbogens wie hier (siehe Seite 109).

Rose 'Paul Noël' (Tanne 1913) wurde hier ähnlich exponiert gepflanzt wie die Rose 'Purpurtraum' in Mottisfont Abbey. Sie fällt in diesem Rosengarten von Doris Melzner ins Auge. Allerdings weniger wegen der aparten Rosenfarbe als wegen der gelungenen Gestaltung. Und obwohl die Rose vor der Kieselfläche in dem kleinen innenhofähnlichen Gartenraum frei steht, ist diese Szene geheimnisvoll. Man möchte meinen, es läge an der blauen Rosenkugel, die der Rankrose so raffiniert zu Füßen gelegt wurde. Aber so einfach liegt der Fall nicht: Es gehört auch das verspielt wirkende Eisen-Stützgestell dazu, das recht geschickt neben der Rosenpflanze platziert wurde. Nun ist es möglich, die langen, weichen Ranken der einmalblühenden Rose in Bögen horizontal zu führen, um ein lockeres Astknäuel im oberen Bereich des Türmchens zu schaffen. So kann man mit einem reichen Blütenflor rechnen, weil die Rose viele kurze Blütentriebe aus den Blattachseln entwickeln wird. Aus dem asymmetrischen Rankgewirk scheint ein blauer »Kern«. Geheimnisvoll schimmert hier eine blaue Rosenkugel hervor – eine zweite ist von Grün überwuchert. So einfach die Lösung des kleinen Geheimnisses scheint, so komplex ist die unbeschreibliche Stimmung dieses Ortes. Die Wildpflanzen tragen das ihre dazu bei, allen voran die skurrilen Akeleiblüten, aber auch Vogelwicke, Persischer Ehrenpreis, Labkraut, Kälberkropf und Wollziest bedecken den Boden in filigraner Vielfalt.

Es ist nicht nur ein wundervoller Rosengarten, auch der Frühlingsaspekt ist etwas Besonderes. Etwa im März und April wirken die blauen Rosenkugeln kontrastgebend zu den kräftigen Frühlingsfarben Leuchtendrot, Weiß und Hellgelb.

Am Fuße von 'Paul Noël' leuchten die Tulpen 'Praestans Fusilier' zusammen mit den Kugeln und Perlhyazinthen. Im weiteren Umfeld gibt es hellgelbe und weiße Narzissen und Wildtulpen sowie einen ganzen Hang übersät mit blauen *Scilla bifolia*.

Eine Alternative zu 'Paul Noël' ist 'Auguste Gervais' (Barbier 1918). Sie hat etwas hellere Blüten, duftet und toleriert nährstoffarme Böden, sie wächst im Schatten, klettert in Bäume hinein und blüht lange im Hochsommer, wie 'Paul Noël', die im Herbst aber einzelne Nachblüten bringen kann.

Abgeseilt

Zu modernen Bauten, zu Stadtgärten mit Innenhöfen, zu beengten Verhältnissen passen Kletterpflanzen. Sie können an gespannten Seilen quer durch den Gartenraum und hoch an den Fassaden neuen Raum erklimmen. Wie viele Meter Drahtseil sind wohl von *Clematis montana*, Glyzinen oder Pfeifenwinden bewachsen?

Bogig durchhängende Taue schlängeln sich von Pfeiler zu Pfeiler und sind mit Rankrosen versehen. Die romantische Idee, die in ihrer Üppigkeit nicht ohne weiteres in unsere modernen Hausgärten hineinpasst, ist reizvoll. Sie braucht aber zur Verwirklichung ein Herrenhaus, oder – ganz anders – ein Gartenhaus mit Schrebergarten.

Rosa 'Adelaide d'Orléans' (Jacques 1826) ist so eine Rankrose, die 5 bis 6 m lange, weiche Ranken ausbildet und nur einmal im Hochsommer blüht. Sie ist wintergrün, behält also ihre Blätter, dafür ist sie frostgefährdet. In meinem eigenen Garten habe ich die bestachelten Ranken von 'Adelaide d'Orléans' anders genutzt. Sie wurde als Katzenschreck an eine Vogeltränke auf Stelzen gesetzt. Da es nötig war, die Kiefernecke umzuarbeiten, wurde eine Krummholz-Kiefer gerodet und die große Schwarz-Kiefer aufgeastet, so dass der Unterbewuchs für den nach hinten abfallenden Hang gestaltet werden konnte. In solch einem von Kiefernnadeln belasteten Milieu gedeihen Farne, Elfenblumen, Fingerhüte und *Meconopsis horridula*, der hellblaue Scheinmohn, gut. Jetzt im Juli sind nur noch die Blattrosetten mit dem Samenstand zu bewundern. Weiter oben, an dem hier sichtbaren Rand des Beetes, fanden schließlich einige grünweiß panaschierte Pflanzen ihren Platz, die eine Verbindung zur weißen Rosenblüte herstellen. Eine Taglilie, Japan-Seggen, Nesseln und die einjährige Kapuzinerkresse gedeihen prächtig. Weiter links stehen noch einige Funkien.

Zurück zur Rose: Dieses Exemplar hatte auch bereits einen langen Trieb hoch in die Kiefern über die Tränke hinaus gemacht. Leider hat der Winter 97/98 den Rosen allgemein arg zugesetzt. Sie musste also fast noch einmal von vorne anfangen. Natürlich hofft man immer wieder, dass es gut gehen wird und schwelgt in der Vorfreude auf die rosa-weißliche Blütenfülle.

Ich möchte noch einmal auf das Thema Katzenschreck zurückkommen: Die langen, weichen Ranken dieser Rose lassen sich ebenso um Baumstämme führen, um die dort angebrachten Nistkästen vor Katzenbesuch zu schützen – eine sehr charmante Katzenschikane. Als Voraussetzung dafür bringt diese Rose Schattenverträglichkeit mit und stellt keine hohen Ansprüche an den Boden.

Die Rankrose 'Adelaide d' Orléans' ist kälteempfindlich. Eine frostharte Alternative bietet sich mit 'Venusta Pendula' (siehe Seite 131) an.

'Constance Spry' am Rosenbogen

Eine große Pflanzenvielfalt muss in sich stimmig sein, um nicht zu einem Kunterbunt zu verkommen. Als Gegensatz, sozusagen beruhigend, wirken größere Mengen einer Pflanzen-Art – wie hier der Efeu.

Rosenliebhaber schätzen ihre Blütenfülle auch an Wänden und Pergolen, wenn nicht aus eigener Erfahrung, so von Abbildungen, denn 'Constance Spry' ist 'Constance Spry' und unverwechselbar in ihrer Ausprägung (siehe auch Seite 50). Große, wohlgeformte, von reinrosa ins silbrige tendierende Blüten, die zudem noch interessant duften, erfreuen einige Frühsommerwochen hindurch und machen den Juni zu einem Monat mit besonderem Erlebniswert. Nur einen Monat lang blüht sie – ich finde diesen Aspekt geradezu angenehm. Zu lange überschwenglich rosenrosa blühende Gartenbilder sind der Schönheit abträglich, man ist der Blütenfülle überdrüssig und empfindet irgendwann Langeweile anstatt Freude. Lieber sollte man sich um Alternativen im Gartenbild bemühen, z.B. eine zartlaubige Clematis mit einfließen lassen, die ihre Blüten zum Spätsommer entfaltet.

In diesem kleinen Vorstadtgarten der Familie Martens gibt es genug Blickfänge für das Auge. Die Bilder zeigen die Südterrasse und die von Feldsteinen gefassten erhöhten Beetbereiche. Auf diese Art wurde das Gefälle abgefangen.

Vis-á-vis der Terrasse gibt es einen zweiten und sogar einen dritten, breiten Bogen zu einem Schattensitzplatz. Beide Bögen liegen auf einer Achse und überziehen einen granitgepflasterten Weg. Er hat seine Enden in dem kreisförmigen Schattensitzplatz und in praller Sonne. Hier und dort gibt es Formschnitt aus Buchsbaum und Eiben und das ganze Grundstück ist mit Holzlattenzäunen umgeben, die teilweise gänzlich mit Efeu bewachsen sind. Efeu spielt eine große Rolle in diesem Garten. Er wird laufend durch Stecklinge vermehrt und bedeckt den Boden in allen Unterholz- und Randbereichen und darf – wie man sieht – auch den Rosenbogen mit 'Constance Spry' (D. Austin 1961) teilen. Der Efeu nimmt den Rosen das Süßliche und begrünt ihn natürlich auch im Winterhalbjahr.

Der Garten ist in Rosé-, Weiß- und Blautönen gehalten und wird umgeben von immergrünen Gehölzen. Hochstämmchen mit grün-weißer Weide, *Salix integra* 'Hakuro Nishiki', die mit rosafarbenen Triebspitzen überraschen, sowie schmiedeeiserne Rankhilfen in Säulenform bilden eine raumbildende Komponente.

Laubengang – nicht nur mit Rosen

Zur Haustür von Keith und Imelda Bennett in der Grafschaft Kent, Südengland, kommt man durch ein besonderes Pflanzengewirk, begleitet vom Duft der Nelken, Rosen, von Lavendel und Heckenkirschen.

Es ist eine schöne Idee, einen so langen Weg zum Eingang als Laubengang anzulegen. Man wird als Gast sehr freundlich empfangen und direkt zur Haustür geleitet, ohne einen Blick in den seitlichen Gartenraum geworfen zu haben, er bewahrt dadurch seine Intimität. Das ist ein wichtiger Aspekt, wenn der Garten hauptsächlich zur Frontseite liegt und somit der Öffentlichkeit stärker preisgegeben ist, als ein Garten nach hinten hinaus. Andererseits strukturiert der Gang den Gartenraum und ist in seiner Wirkung schmückend. Der wirkungsvoller Raumteiler zeichnet sich durch eine gewisse Transparenz und Vielfalt aus.

Die Anlage besteht nun im dritten Jahr, die Fülle der Pflanzen wird also noch zunehmen. Sehr voluminös zeigt sich die schattenverträgliche Noisette-Rose 'Mme Alfred Carrière' (J. Schwarz 1879). Cremerosa-weißlich bringt sie nach der reichen Hauptblüte immer wieder Einzelblüten und verströmt köstlichen Duft. Sie wächst 5 m bis 6 m hoch in buschiger Üppigkeit, wie hier neben dem rosa-weißlich panaschierten Blattwerk des Eschen-Ahorn – eine wirkungsvolle Nachbarschaft.

Während des Verblühens verfärben sich die weißen Blüten ins Gelbliche. Eine Pflanze, die dieses Farbenspiel alljährlich zweimal vollbringt – im Sommer und im Herbst – heißt *Lonicera japonica* 'Helliana'. Sie trägt ein immergrünes Blätterkleid. Eine andere schlingende, wintergrüne Art ist *Lonicera periclymenum*, z.B. die Sorte 'Graham Thomas', die im Sommer blüht. Beide Arten wachsen etwa 7 m hoch. Cremefarben bis zartrosa blüht auch im Hochsommer *Lonicera × americana* und ist unserer heimischen, sehr empfehlenswerten *Lonicera caprifolium* ähnlich. Dabei ist sie schwächer im Wuchs, aber auch wunderbar duftend. Sie duftet stark am Abend, um die bestäubenden Nachtfalter anzuziehen. Cremegelb bis purpurrot blüht *Lonicera × heckrottii*. 'Goldflamme' heißt die starkwüchsigere, gelb-rötliche Variante. Beide blühen von Juni bis Oktober. Goldgelb, aber ohne Duft blüht im Mai die starkwüchsige *Lonicera × tellmanniana*. Nur 3 m hoch mit zierlich organge-roten Blüten präsentiert sich *Lonicera × brownii*. *Lonicera*-Arten sind wildhaft elegant wirkende Partner zu Kletterrosen und stellen keine großen Ansprüche an den Boden.

Zur Straßenseite steht die weiße 'Climbing Iceberg' – am Ende des Ganges (kleines Bild) wuchert 'Mme Alfred Carrière'. Man beachte die Holzkonstruktion mit seinem zierlichen seitlichen Lattenwerk.

Rosen – Bögen – Wasser und Brücken

Rosenbögen sind wieder in Mode gekommen. Wie immer, wenn etwas in Mode kommt, wird es leicht überstrapaziert, und Rosenbögen werden an Stellen platziert, die damit einfach überdekoriert sind. Natürlich kann nicht jeder mit so imposanten Gartenbildern aufwarten wie hier das Rosarium Uetersen.

Unter den Bögen kann man nicht hindurchgehen, man geht an ihnen vorbei. Wie durch ein Fenster betrachtet man die schönen Gartenszenen.

Rosenbögen sind Rankhilfen, außerdem sind es Skulpturen und Objekte im Gartenraum. Ganz verschiedene Materialien kommen für den Bau in Frage.

Verzinkter Stahl wirkt kühl, rostender Stahl dagegen altmodisch romantisch. Das Metall mittels Ölfarbe zu schützen, ist nicht unproblematisch, weil der Anstrich alle paar Jahre erneuert werden muss und die Kletterpflanzen dafür stärker zurückgeschnitten werden. Rosenbögen aus Holz können modisch, klassisch oder rustikal aussehen, je nachdem wie viel Natürlichkeit dem Holz belassen wurde.

Nicht zwangsläufig müssen Rosenbögen mit Rosen bepflanzt werden. Akebia quinata *zeigt ihre zauberhaften braun-roten Blüten von April bis Mai und kann sich bis 10 m hoch emporwinden.*

Frühling im Rosengarten

Ein schöner Partner für Rosen und eine feine Untermalung für die klaren Frühlingsfarben ist das Immergrün, Vinca major *'Variegeta', hier neben den roten Tulpen sichtbar. Zwischen seinem grün-weißen Blattwerk trägt es von Mai bis September hellblaue Blütensterne.*

Bei aller Rosenliebe, Frühlingsblumen sind von einer unvergleichlichen Kraft und Frische. Möglicherweise liegt es an dem langen Winter, dass wir die Frühlingsblumen so heiter erleben.

Aber schauen wir sie doch einmal genauer an auf der kleinen Abbildung, die ersten Frühlingsboten unter den Rosensträuchern hoch vor dem Steilufer eines Sees im Garten von Anna Jacobi (siehe Seite 102 und 147). Während die Christrose schon ihren Samenstand zeigt, verraten die Strahlen-Anemonen, *Anemone blanda* 'White Splendour', und der heimische Lerchensporn, *Corydalis solida*, dass Frühlingsanfang ist.

Auch Polsterstauden zwischen den Steinen haben jetzt ihren Höhepunkt im Garten erreicht und sind hier eine gute Ergänzung zu den etwas auffälligeren Blütenformen manches Frühlingsblühers. Die Farben gleiten wunderbar ineinander und die lauwarme Frühlingsluft trägt den süßen Duft der cremefarbenen Blütensternchen von *Skimmia japonica* 'Rubella' mit sich.

Das große Bild zeigt einen englischen Bauerngarten. Sarah Wickham spielt die Leuchtkraft der Frühlingsboten gegeneinander aus und sofort ist man in den Bann gezogen von dieser Heiterkeit im Rosenbeet.

Und immer wieder Tulpen in den Rosengarten

Tulpen sind schöne und praktische Vorläufer für die Sommerpracht eines Rosenbeetes. Und es ist bemerkenswert, wenn der elegante Tulpenflor sich mit dem rötlich angehauchten Blattaustrieb der Beetrosen vermischt.

Die reinen Rosen-Anpflanzungen gleichen mehr und mehr einer Monokultur und werden durch gemischte Pflanzungen wie Lavendel und Oregano ersetzt. Auch Stauden in vielfältigen Kombinationsmöglichkeiten werden mit Rosen der verschiedensten Typen und Farben zusammengebracht. Es geht darum, einen vielfältigen Unterbewuchs zu schaffen, der genug Reize für alle Jahreszeiten anzubieten hat. Tulpen sollen mit dabei sein, weil sie mit ihrem anspruchsvollen Wesen gut in den Rosengarten passen. Dabei sollten die aparten Wild-Tulpen mit in die Wahl gezogen werden.

Wildtulpen gibt es in vielen aufregenden Arten, wie z.B. die abgebildete *Tulipa hageri*. Sie wird etwa 25 cm hoch und blüht im Mai. Das Bild mit den dunkelroten Papagei-Tulpen 'Black Parrot' zeigt einen Ausschnitt aus dem sehr prächtigen Frühlingsgarten von Doris Melzner (siehe auch Seite 192). Die Tulpen mit den Vergissmeinnicht sind an dieser Stelle bereits die zweite Frühlingsblütengarnitur. Sie lösen Perlhyazinthen und verschiedene Narzissen-Sorten sowie die kleine, gelbweiße Wild-Tulpe, *Tulipa tarda*, ab.

Im Rosengarten von Anna Jacobi tanzen einige rote Tulpen einen Reigen mit Rosenkugeln, Huhn und Kaninchen aus Glas – ein heiteres österliches Miteinander. Der Boden in diesem Bereich ist übersät von Pfingst-Veilchen, weißen Hornveilchen, blauem Gamander-Ehrenpreis, roten Elfenblumen und anderem mehr.

Man kann beim Pflanzen von Zwiebelgewächsen darauf achten, sie so zu setzen, dass ihr langsam vergilbendes Laub durch entsprechende Nachbarpflanzen kaschiert wird. So gehen vergilbte Narzissenblätter gut neben Gräsern unter und das abgängige Tulpenblattwerk verschwindet zwischen Taglilien.

Eine hübsche Ergänzung zu Tulpen im Rosenbeet stellt der hier blühende rosa-weißliche Zitronen-Storchschnabel, Geranium macrorrhizum *'Spessart' dar. Zwischen seinem üppigen Blattwerk fallen die später vergilbenden Tulpenblätter nicht mehr auf.*

Aus der Traum

Das von 'Blush Rambler' romantisch verklärte Tor gibt den Blick auf die Außenanlagen von Penshurst Place frei. Dahinter erstreckt sich ein schlichter Zaun.

Dieses Foto entstand beim Verlassen der wunderbaren alten Anlage Penshurst Place in Kent, Südengland. Die Ursprünge dieses Gartens liegen im 14. Jahrhundert. Besonders interessant fand ich in diesem Garten den reichlichen Gebrauch von Apfelbäumen, die als Strukturbildner in vielen verschiedenen Gartensituationen verwendet wurden.

Die Rose 'Blush Rambler' liegt in den letzten Zügen ihrer Blühzeit – und harmoniert jetzt im Endstadium farblich besonders gut mit der Mauer. In deren Sandsteinelemente finden nämlich selbst die »vergammelten« Rosenblüten ein Farbpendant. 'Blush Rambler' (B.R. Cant 1903) bewuchert hier eine wohl 8 m lange Mauerfläche. Sehr wüchsig, dornenlos, nur einmal blühend, aber gut duftend, präsentiert sich diese Schönheit. Wie alle Abkömmlinge von *Rosa multiflora* ist sie mit armen Bodenverhältnissen zufrieden. Man kann sie deswegen gut in Bäume hineinwachsen lassen. Und nun ist er wirklich aus, der Traum. Dies war der letzte Besuch in einem schönen Rosengarten.

Diese letzte Rosenszene verheißt Abschied. Der Weg zu einem schönen Garten mit Rosen braucht seine Zeit und ist sicher mit einiger Mühe und vielen Überraschungen verbunden. Aber je aufmerksamer man ist, desto schneller erreicht man das Ziel seiner Wünsche. Es geht darum, den Charakter der Pflanzen mit ihren Standortansprüchen zu verstehen und zu gestalten ohne überzogen zu wirken.

Eine Auswahl weiterer Rosen

Diese Beschreibungen sind als weitere Entscheidungshilfe auf dem Weg zum eigenen Rosengarten. Bewusst habe ich mich auf wenige Rosengruppen beschränkt, um den Gruppen mehr Raum geben zu können, die ihn der Literatur weniger häufig beschrieben werden. Sämtliche Angaben dürfen nicht absolut gesehen werden, da die Bedingungen der Örtlichkeit einen Einfluss auf die Entwicklung einer Rose haben. Immer wieder gibt es Farb-, Duft- und Wachstumsabweichungen sowie unterschiedliche Erfahrungen bei der Frostbeständigkeit von Rosen.

Wildrosen & Rosen mit Wildrosencharakter, Rosa

	Rosengruppe	**Wuchshöhe/ Breite [m]**	**Wuchs**	**Blütezeit**	**Blütenform**	**Blütendurchmesser [cm]**	**Blütenfarbe**	**Duft**	**Hagebutten**	**Blattwerk**	**Licht**
Rosa nutkana	Wild. (N.Am.)	2,5/2,0	bogig kompakt	VI	h-gef., schalenförmig	6	kräftiges Rosa	kräftig süß	melonenförmig	Grau-Grün	○●
'Complicata', Europa 20. Jahrh.	G.	2,2/2,0	bogig überh.	VI	ungef., schalenförmig	10	Rosa	angenehm, lieblich	gr. rosafarben	Mittelgrün	○●
Rosa macrantha 'Waitziana', Frankr. 1823	G.	1,0/1,5	weich überh.	VI-VII	ungef., schalenförmig	8	zartes Rosa	leicht	Hagebutte bis Frühling	mittelgrün, zierlich	○
Rosa glauca	Wild. (S.Eur.)	2,5/2,0	aufr. bogig	VI	zierliche, schalenförmig	4	Rosa-Rot, weißes Auge	kaum	kupferrot rund	Grau, rötlich gerändert	○●
Rosa × jacksonii 'Max Graf' (Bowditch, 1919)	Rug.	0,6/3,0	flach bogig	VI-VIII	ungef., schalenförmig	8	Karmesinrosa, weißes Auge	–	–	Dunkelgrün, glänzend	○●
'Erfurt' (Kordes Söhne, 1939)	Lamb.	1,5/1,2	aufr. buschig	öfterbl.	leicht gef., schalenförmig	9	Rosa, gelblich mit weißem Auge	kräftig	–	Dunkelgrün	○
'Fleurette' (Interplant, 1977)	Strauch.	1,2/1,2	buschig überh.	öfterbl.	einfach in Büscheln	5	Karmesinrosa mit weißlichem Auge	leicht	–	dunkelgrün, Kupfer	○●
'Frühlingsmorgen'	Strauch.	1,8/1,2	aufr. überh.	öfterbl.	ungef.	8	warmes Rosa, gelbliches Auge	süß	–	Dunkelgrün	○●
Rosa tomentosa	Wild. (W.As)	2,5/2,0	aufr. bogig	V-VI	ungef.	6	Rosa	lieblich	oval rot	Grau-Grün	○●
Rosa nitida	Wild. (N.Am)	0,9/0,9	aufr.	VI-VII	ungef.	6	Reinrosa	kaum	rund rot	Mittelgrün, glänzend	○●
Rosa canina	Wild.	3,5/3,5	aufr. bogig	VI-VII	ungef.	6	klares Rosa	lieblich	oval	graues Grün	○●

Abkürzung der Rosengruppe:
A. = Alba-Rose
B. = Bourbon-Rose
Boden. = Bodendeckende Rose
C. = Chinarose
Canina. = Canina Hybride
D. = Damaszena-Rose
E. Rose = Englische Rose
E. Strauch. = Englische Strauchrose
G. = Gallica-Rose
Kletter. = Kletterrose
Kor. = Kordesii-Hybriden
Lamb. = Lambertiana
M. = Moos-Rose
Mosch. = Moschatarose
Moy. = Moyesiirose
Multifl. = Mulitiflorarose
N. = Noisette-Rose
P. = Polyantharose
Pim. = Pimpinellrose
Port. = Portland-Rose
R. = Remontant-Rose
Rabler. = Ramblerrose
Rug. = Rugosarose
Strauch. = Strauchrose
Tee. = Teerose
Wich. = Wichuraianarose
Wich.-Setig = Wichuraiana-Setig-Hybride
Wild. = Wildrose
Z. = Zentifolie

Abkürzungen der geografischen Angaben:
N. Am. = Nordamerika
Eur. = Europa
As. = Asien

Eigenschaften der Pflanzen:
aufr. = aufrecht
ballf. = ballförmig
becherf. = becherförmig
flaschenf. = flaschenförmig
gef. = gefüllt
h-gef. = halbgefüllt
kamelie. = kamelienähnlich
maler. = malerisch
öfterbl. = öfterblühend
stattl. = stattlich
überh. = überhängend
ungef. = ungefüllt
verwirb. = verwirbelt

Lichtverhältnisse
○ = Sonne
◑ = Halbschatten
● = Schatten

Bodenansprüche	Winterhärte [°C]	Besonderheiten	Landschaftsgarten	Wildgarten	Bauerngarten	romantischer Garten	architektonisch klarer Garten	Japangarten	Kübel & Balkone	Waldgarten	wächst in Bäume	für Hecken	Zäune, Bögen u. Pergolen	Kletterrose für Wände	Heidegarten	in diesem Buch abgebildet	
verträgt leichte Böden	–23	bezaubernde Erscheinung	X	–	–	–	–	–	–	–	–	–	–	–	–	–	*Rosa nutkana*
verträgt leichte Böden	–29	klettert auch in Bäume	X	X	X	X	–	–	–	X	X	X	X	–	X	–	'Complicata', Europa 20. Jahrh.
verträgt leichte Böden	–29	breiter als hoch	X	X	–	X	–	X	–	–	–	–	X	–	X	–	*Rosa macrantha* 'Waitziana', Frankr. 1823
verträgt leichte Böden	–40	attraktive Gestalt	X	X	X	X	X	X	X	X	–	X	X	–	X	–	*Rosa glauca*
verträgt leichte Böden	–29	die Sorte gibt es auch weiß und rot	X	X	X	X	–	–	–	X	–	–	X	–	X	–	*Rosa × jacksonii* 'Max Graf' (Bowditch, 1919)
guter Gartenboden	–29	aparte Schönheit	X	–	X	X	–	–	–	–	–	X	–	–	–	–	'Erfurt' (Kordes Söhne, 1939)
toleriert arme Böden	–29	wetterfest und robust	X	–	X	X	–	–	X	–	–	X	–	–	X	–	'Fleurette' (Interplant, 1977)
verträgt leichte Böden	–29	anmutige Frühlingsrose	X	X	X	X	–	–	–	–	–	X	–	–	X	–	'Frühlingsmorgen'
verträgt leichte Böden	–30	in Europa wild vorkommend	X	X	X	X	–	–	X	X	–	X	–	–	X	–	*Rosa tomentosa*
toleriert arme Böden	–30	bildet Ausläufer	X	X	X	X	X	X	X	X	–	X	–	–	X	–	*Rosa nitida*
toleriert arme Böden	–30	europ. Wildrose	X	X	X	X	X	–	X	X	X	X	–	–	X	–	*Rosa canina*

Wildrosen & Rosen mit Wildrosencharakter, Rosa

	Rosengruppe	Wuchshöhe/ Breite [m]	Wuchs	Blütezeit	Blütenform	Blütendurchmesser [cm]	Blütenfarbe	Duft	Hagebutten	Blattwerk	Licht
Rosa rubiginosa	Wild. (Eur./As.)	2,0/1,5	bogig	VI	ungef.	5	Dunkelrosa	zart	rot, eiförmig	Mittelgrün, duftend	○
'Marguerite Hilling' (Hilling, 1959)	Moy.	2,5/2,0	aufr. bogig	remont.	leicht gef.	10	Rosa	süß	–	Grau-Grün	○
Rosa californica	Wild. (N.Am)	3,0/2,5	aufr. bogig	VI-VIII	ungef.	6	Dunkelrosa	leicht	klein, kugelig	Mittelgrün	○●
Rosa pendulina 'Bourgogne'	Strauch.	1,5/1,2	aufr. bogig	VI	ungef.	6	Rosa	schwach	eiförmig, hängend	Dunkelgrün	○●
Rosa villosa	Wild. (Eur.)	1,8/1,5	aufr. bogig	VI	ungef.	6	Hellrosa	leicht	rot, länglich	Grau-Grün	○●
'Frühlingsduft' (Kordes, 1949)	Strauch.	2,0/1,5	aufr. bogig	V-VI	h-gef.	10	Hellrosa, gelblich	süß	–	Grau-Grün	○●

Wildrosen & Rosen mit Wildrosencharakter, Weiß

	Rosengruppe	Wuchshöhe/ Breite [m]	Wuchs	Blütezeit	Blütenform	Blütendurchmesser [cm]	Blütenfarbe	Duft	Hagebutten	Blattwerk	Licht
'Frühlingsanfang' (Kordes, 1950)	Strauch.	3,0/2,0	aufr. bogig	VI	ungef., schalenförmig	10	Elfenbeinweiß	intensiv	rund, braun	Mittelgrün, prächtig	○●
Rosa fedtschenkoana	Wild. (As)	2,5/2,0	bogiger Wuchs	remont.	ungef., schalenförmig	5	Seidenweiß	kaum	oval	blasses Grau-Grün	○
'Schneezwerg' (Lembert, 1912)	Rug.	1,5/1,5	aufr. buschig	VI-Herbst	leicht gef., schalenförmig	6	Weiß	leicht	groß, rot, rund	Dunkelgrün, glänzend	○●
Rosa moschata, 1651	Wild. (As)	2,5/2,5	aufr. leicht überh.	VIII-Frost	leicht gef.	7	Weiß	stark	klein, rund, grün-rot	Tiefgrün, roter Rand	○●
'Nevada' (Dot, 1927)	Moy.	2,5/2,0	aufr. bogig	remont.	leicht gef.	10	Rahmweiß	leicht	–	Grau-Grün	○
'Schneeschirm' (Tantau, 1946)	P.	1,0/1,2	buschig aufr.	öfterbl.	ungef.	6	Reinweiß	leicht	–	Dunkelgrün	○
Rosa × paulii (Paul, 1903)	Rug.	1,5/3,0	breit buschig	VI	zart ungef.	8	Rahmweiß	leicht	–	Dunkelgrün	○●
'Weiße Immensee' (Kordes, 1982)	Boden.	0,4/2,5	breit flächig	VI-VIII	ungef., schalenförmig	5	Reinweiß	intensiv	–	Hellgrün, ledrig, glänzend	○●
'Gletscherfee' (Kordes, 1991)	Strauch.	1,5/1,5	aufr. buschig	öfterbl.	leicht gef. Schale	6	Schneeweiß	leicht	–	Dunkelgrün, glänzend	○

Bodenansprüche	Winterhärte [°C]	Besonderheiten	Landschaftsgarten	Wildgarten	Bauerngarten	romantischer Garten	architektonisch klarer Garten	Japangarten	Kübel & Balkone	Waldgarten	wächst in Bäume	für Hecken	Zäune, Bögen u. Pergolen	Kletterrose für Wände	Heidegarten	in diesem Buch abgebildet	
Wildrosen & Rosen mit Wildrosencharakter, Rosa																	
toleriert leichte Böden	–30	attraktiver Zierstrauch	X	X	X	X	X	X	X	X	–	X	–	–	X	–	*Rosa rubiginosa*
toleriert leichte Böden	–22	auffällige Schönheit	X	–	X	X	–	–	–	–	–	X	–	–	X	–	'Marguerite Hilling' (Hilling, 1959)
toleriert leichte Böden	–29	lange Blütezeit	X	X	–	X	–	–	–	–	–	X	–	–	X	–	*Rosa californica*
toleriert leichte Böden	–30	attraktive Herbstgestalt	X	X	X	X	–	X	X	X	–	X	–	–	X	–	*Rosa pendulina* 'Bourgogne'
toleriert leichte Böden	–30	Laub duftet nach Apfel	X	X	X	X	–	X	–	X	–	X	–	–	X	–	*Rosa villosa*
toleriert leichte Böden	–29	blüht vereinzelt nach	X	X	X	X	–	X	–	X	–	–	–	–	X	–	'Frühlingsduft' (Kordes, 1949)
Wildrosen & Rosen mit Wildrosencharakter, Weiß																	
toleriert leichte Böden	–29	auffällige Erscheinung	X	X	X	X	X	X	–	X	–	X	–	–	X	X	'Frühlingsanfang' (Kordes, 1950)
toleriert leichte Böden	–29	trägt Früchte und Blüten gleichzeitig	X	X	–	X	X	X	–	X	–	X	–	–	X	–	*Rosa fedtschenkoana*
toleriert leichte Böden	–29	gut als Eingangspaar zu pflanzen	X	X	X	X	X	–	X	X	–	–	–	–	X	–	'Schneezwerg' (Lembert, 1912)
toleriert leichte Böden	–23	attraktive Rose	X	X	–	X	X	X	–	X	–	–	X	–	–	–	*Rosa moschata*, 1651
toleriert leichte Böden	–23	imposante Schönheit	X	X	X	X	X	–	–	–	–	X	–	–	–	–	'Nevada' (Dot, 1927)
guter Gartenboden	–29	mehr breit als hoch	X	–	X	X	X	–	–	–	–	X	–	–	X	–	'Schneeschirm' (Tantau, 1946)
toleriert leichte Böden	–23	rötliches Herbstlaub	X	–	–	X	X	X	–	X	–	–	X	–	X	–	*Rosa × paulii* (Paul, 1903)
toleriert leichte Böden	–29	gibt es auch rosa blühend	X	X	X	X	X	X	X	X	–	–	X	–	X	–	'Weiße Immensee' (Kordes, 1982)
guter Gartenboden	–29	üppige Erscheinung	X	–	–	X	X	–	–	–	–	X	–	–	–	–	'Gletscherfee' (Kordes, 1991)

Gruppe	Sorte	Rosengruppe	Wuchshöhe/ Breite [m]	Wuchs	Blütezeit	Blütenform	Blütendurch-messer [cm]	Blütenfarbe	Duft	Hagebutten	Blattwerk	Licht
Wildrosen & Rosen mit Wildrosencharakter, Rot	'Red Nelly'	Strauch.	1,5/1,2	aufr. bogig	V-VI	ungef., becherf.	5	Karmesinrot	kaum	rund, schwarz	Grau-Grün, sehr zierlich	○◑
	Rosa moyesii 'Geranium'	Strauch.	3,5/3,0	aufr. überh.	VI	ungef., schalenförmig	6	Blutrot	ohne	flaschenf., groß	Grau-Grün, farnartig	○◑
	Rosa moyesii 'Fargesii'	Strauch.	2,5/1,8	aufr. überh.	VI	ungef., schalenförmig	6	Rosa-Rot	ohne	flaschenf., groß	Grau-Grün, farnartig	○●
	'Kiese' (Kiese, 1910)	Canina.	2,5/2,0	aufr. buschig	VI	ungef., schalenförmig	6	Blutrot, gelbes Auge	–	oval, rot	Dunkelgrün, glänzend	◑●
	'Hansaland' (Kordes, 1993)	Rug.	1,8/1,5	buschig kompakt	öfterbl.	h-gef.	8	leuchtend Rot	–	–	frisches Grün, glänzend	○
Wildrosen & Rosen mit Wildrosen charakter, Gelb	'Frühlingsgold' (Kordes, 1937)	Strauch.	2,0/1,5	aufr. bogig	V-VI	ungef., schalenförmig	11	Lichtgelb	voll	weiß-braun	Grau-Grün	○●
	'Golden Wings' (Shepherd, 1956)	Strauch.	2,0/1,5	offen bogig	V-VI	ungef., schalenförmig	9	Hellgelb	süß	–	Grau-Grün	○
	'Maigold' (Kordes, 1953)	Strauch.	3,5/2,5	bogig, schlaksig	V-VI	h-gef.	13	Aprikose-Goldgelb	voll	–	Mittelgrün, glänzend	○●
	Rosa hugonis	Wild. (China)	2,5/2,0	aufr. bogig	V-VI	einfach becherf.	6	Primelgelb	kaum	dunkelrot	zierlich, Herbstverf.	○
Kletterrosen & Rankrosen, Weiß	'Mme Alfred Carrière' (J. Schwartz, 1879)	C.	4,5/3,0	stark wüchsig	öfterbl.	gef., knittrig	9	Cremerosa, weißlich	süß	–	Grau-Grün, markant	○●
	'Madeleine Selzer' (Walter, 1926)	Multifl.	3,0/1,8	starr	VI	gef., ballf.	7	Rahmweiß	lieblich	–	Bronzegrün	○◑
	'Francis E. Lester' (Lester Rose Gardens, 1946)	Mosch.	4,5/3,0	stark wüchsig	VI	ungef.	4	Weiß, etwas Pink	lieblich	klein, rot	Kupfergrün	○●
	'Rambling Rector' (Daisy Hill Nursery, 1912)	Multifl. Wild.	6,0 oder mehr	sehr stark wüchsig	VI	leicht gef.	4	Cremeweiß, gelblich	intensiv	gelblich-orange	Grau-Grün	○●
	Rosa helenae	(China).	6,0 oder mehr	sehr stark wüchsig	VI-VII	ungef.	4	Cremeweiß	leicht	rund, orange-rot	Grau-Grün	○●
	'Ilse Krohn Superior' (Kordes, 1964)	Kord.	3,5/2,5	gut wüchsig	öfterbl.	gef., ??	10	Reinweiß	gut	–	Mittelgrün, glänzend	○●
	'Sanders White Rambler' (Sanders, 1912)	Wich.	4,5/3,5	weiche Zweige	VI-VII	locker gef.	6	gelblich Weiß	süß	–	Dunkelgrün, glänzend	○●

Bodenansprüche	Winterhärte [°C]	Besonderheiten	Landschaftsgarten	Wildgarten	Bauerngarten	romantischer Garten	architektonisch klarer Garten	Japangarten	Kübel & Balkone	Waldgarten	wächst in Bäume	für Hecken	Zäune, Bögen u. Pergolen	Kletterrose für Wände	Heidegarten	in diesem Buch abgebildet		
toleriert leichte Böden	–30	auffällige Frühlingsschönheit	X	X	X	X	–	X	X	–	–	X	–	–	X	–	'Red Nelly'	Wildrosen & Rosen mit Wildrosencharakter, Rot
toleriert leichte Böden	–30	imposant, asiatisch anmutend	X	X	X	X	X	X	–	X	–	X	–	–	X	–	*Rosa moyesii* 'Geranium'	Wildrosen & Rosen mit Wildrosencharakter, Rot
toleriert leichte Böden	–30	asiatisch anmutend	X	X	X	X	X	X	–	X	–	X	–	–	X	–	*Rosa moyesii* 'Fargesii'	Wildrosen & Rosen mit Wildrosencharakter, Rot
toleriert leichte Böden	–30	heitere Erscheinung	X	X	X	–	–	–	–	–	–	X	–	–	X	–	'Kiebe' (Kiebe, 1910)	Wildrosen & Rosen mit Wildrosencharakter, Rot
toleriert leichte Böden	–30	üppige Erscheinung	X	–	X	–	X	–	–	–	–	X	–	–	–	–	'Hansaland' (Kordes, 1993)	Wildrosen & Rosen mit Wildrosencharakter, Rot
toleriert leichten Boden	–29	aparte Frühlingsrose	X	X	X	X	X	X	–	X	–	–	–	–	X	–	'Frühlingsgold' (Kordes, 1937)	Wildrosen & Rosen mit Wildrosencharakter, Gelb
toleriert leichten Boden	–29	blüht vereinzelt nach	X	X	X	X	X	X	–	–	–	–	–	–	X	–	'Golden Wings' (Shepherd, 1956)	Wildrosen & Rosen mit Wildrosencharakter, Gelb
toleriert arme Böden	–29	auch als Kletterrose verwendbar	X	X	X	X	X	X	–	X	X	–	X	X	–	–	'Maigold' (Kordes, 1953)	Wildrosen & Rosen mit Wildrosencharakter, Gelb
toleriert arme Böden	–22	anmutige Frühlingsrose	X	X	X	X	X	X	–	X	–	X	–	–	X	–	*Rosa hugonis*	Wildrosen & Rosen mit Wildrosencharakter, Gelb
toleriert leichte Böden	–22	elegante, prächtige Rose	X	–	–	X	X	X	–	–	–	–	X	X	–	–	'Mme Alfred Carrière' (J. Schwartz, 1879)	Kletterrosen & Rankrosen, Weiß
toleriert leichte Böden	–29	eigenwilliger Charakter	X	–	–	X	X	X	–	X	–	–	X	X	X	–	'Madeleine Selzer' (Walter, 1926)	Kletterrosen & Rankrosen, Weiß
toleriert leichte Böden	–29	liebliche Rose	X	X	X	X	X	X	–	X	X	–	X	X	X	–	'Francis E. Lester' (Lester Rose Gardens, 1946)	Kletterrosen & Rankrosen, Weiß
toleriert leichte Böden	–29	überwächst Carports etc.	X	X	X	X	X	X	–	X	X	–	X	X	X	–	'Rambling Rector' (Daisy Hill Nursery, 1912)	Kletterrosen & Rankrosen, Weiß
toleriert leichte Böden	–29	wächst gut in Uferbereichen	X	X	X	X	X	X	–	X	X	–	X	X	X	–	*Rosa helenae*	Kletterrosen & Rankrosen, Weiß
guter Gartenboden	–29	edle Erscheinung	X	–	X	X	X	–	–	X	–	–	X	X	–	–	'Ilse Krohn Superior' (Kordes, 1964)	Kletterrosen & Rankrosen, Weiß
toleriert leichte Böden	–29	Rose für Uferbereiche	X	–	X	X	X	X	–	X	–	–	X	–	X	–	'Sanders White Rambler' (Sanders, 1912)	Kletterrosen & Rankrosen, Weiß

		Rosengruppe	Wuchshöhe/ Breite [m]	Wuchs	Blütezeit	Blütenform	Blütendurchmesser [cm]	Blütenfarbe	Duft	Hagebutten	Blattwerk	Licht
Kletterrosen & Rankrosen, Rot	'Souvenir du Docteur Jasmin' (Lacharme, 1865)	R.	3,0/2,0	dünntriebig, locker	remont.	gef. mit Auge	8	Kastanienrot	würzig	–	Dunkelgrün	◑●
	'Paul's Scarlet Climber' (W. Paul, 1916)	Multifl.	4,5/3,0	weiche Zweige	VI-VII	h-gef. ballf.	9	Scharlachrot	–	–	Dunkelgrün	○●
	'Gruß an Heidelberg' (Kordes, 1964)	Lamb.	3,5/2,5	buschig, starr	öfterbl.	ballf. locker gef.	12	Karminrot	leicht	–	Dunkelgrün, ledrig	○
	'Sympathie' (Kordes, 1964)	Kletter.	4,0/3,0	vital	öfterbl.	leicht gefaltet	12	samtig Dunkelrot	lieblich	–	Softgrün, glänzend	○◑
	'Tradition 95' (Kordes, 1995)	Kletter.	3,0/2,0	buschig	öfterbl.	h-gef.	9	leuchtend Blutrot	leicht	–	Dunkelgrün, glänzend	○
Kletterrosen & Rankrosen, Gelb	'Albéric Barbier' (Barbier, 1900)	Wich.	4,5/3,0	üppig	remont.	zerzaust gef.	8	Cremegelb	süß	–	immergrün, glänzend	○●
	'Alister Stella Gray' (Gray, 1894)	N.	4,5/3,0	fein verzweigt	öfterbl.	gef. gefaltet	8	Cremegelb	fruchtig	–	Dunkelgrün	○●
	'Phyllis Bide' (Bide, 1923)	Multifl.	3,5/2,0	reich verzweigt	öfterbl.	gef. mit Auge	8	Primelgelb-Pink	leicht süß	–	Dunkelgrün, ledrig	○●
	'Ghislaine de Féligonde' (Turbet, 1916)	Multifl.	2,5/2,5	weiche Zweige	öfterbl.	gef.	5	Apricosengelb bis Cremegelb	leicht	–	Hellgrün, glänzend	○●
	'Leverkusen' (Kordes, 1954)	Kordes.	3,0/2,5	weiche Zweige	öfterbl.	gef. mit Auge	11	Zitronencremegelb	süß	–	Mittelgrün	○●
	'Goldfassade' (Baum, 1967)	Kletter.	4,0/2,5	stark wüchsig	öfterbl.	gef.	10	Knospe Goldgelb-Orange	voll	–	Mittelgrün, glänzend	○
	'Gloire de Dijon' (Jacotot, 1853)	Teerose, klein	3,5/3,0	weiche Zweige	remont.	gef. geviertelt	9	Rahmgelb, ledrig	Teerosenduft	–	Mittelgrün	○
Kletterrosen & Rankrosen, Rosa	'Compassion' (Harkness, 1974)	Kletter.	2,5/1,5	straff aufrecht	öfterbl.	gef., edel	10	Pfirsich	voll	–	Dunkelgrün	○
	'Bonny' (Nieborg-Kordes, 1998)	Rambl.	3,0/2,5	weiche Zweige	VI-VII	h-gef.	3	Reinrosa	–	–	Frischgrün, glänzend	○
	'American Pillar' (van Fleet, 1902)	Wich.-Setig.	5,0/3,5	stark wüchsig	VI-VII	ungef.	6	Karminrosa mit weißem Auge	–	–	Mittelgrün, glänzend	○●
	'Gerbe Rose' (Fauque, 1904)	Wich.	5,0/4,0	virtuos	VI-VII	gef., rundl.	8	Dunkelrosa, lila angehaucht	süß, voll	–	Dunkelgrün	○
	'Geschwinds Nordlandrose' (Geschwind, 1884)	Multifl.	3,0/2,0	kräftig	remont.	gef.	6	Hellrosa	–	–	Mittelgrün	○●
	'Blairi No. 2' (Blair, 1845)	B.	3,5/2,0	weiche Zweige	remont.	üppig gef.	9	Rosa-Rot bis Silbrigrosé	süß, frisch	–	Mittelgrün	◑◑
	'Blush Rambler' (Cant, 1903)	Rambl.	4,5/3,5	kräftig	VI-VII	h-gef.	4	zartes Rosa-Weiß	intensiv	–	Hellgrün, elegant	○◑
	'Paul's Himalayan Musk' (Paul, 19.Jahrh.)	Rambl.	8,0/4,0	sehr stark	VI-VII	locker gef.	4	zartes Rosa-Weiß	intensiv	–	Graugrün, glänzend	○●
	'Summer Wine' (Kordes, 1985)	Kletter.	3,0/2,0	aufrecht	öfterbl.	h-gef.	12	Korallenrosa	leicht	–	Mittelgrün, glänzend	○

Bodenansprüche	Winterhärte [°C]	Besonderheiten	Landschaftsgarten	Wildgarten	Bauerngarten	romantischer Garten	architektonisch klarer Garten	Japangarten	Kübel & Balkone	Waldgarten	wächst in Bäume	für Hecken	Zäune, Bögen u. Pergolen	Kletterrose für Wände	Heidegarten	in diesem Buch abgebildet		
guter Gartenboden	–23	besondere Schönheit für Schattenplätze	X	–	X	X	X	X	–	X	–	–	X	X	–	–	'Souvenir du Docteur Jasmin' (Lacharme, 1865)	Kletterrosen & Rankrosen, Rot
toleriert leichte Böden	–29	romantische Schönheit	X	–	X	X	–	–	–	X	–	–	X	X	X	–	'Paul's Scarlet Climber' (W. Paul, 1916)	Kletterrosen & Rankrosen, Rot
guter Gartenboden	–29	gefährdet: Sternrußtau	X	–	X	–	X	–	–	–	–	–	X	X	–	–	'Gruß an Heidelberg' (Kordes, 1964)	Kletterrosen & Rankrosen, Rot
guter Gartenboden	–29	Blüte ohne Blaustich	X	–	X	X	X	–	–	–	–	–	X	X	X	–	'Sympathie' (Kordes, 1964)	Kletterrosen & Rankrosen, Rot
guter Gartenboden	–29	verblüht farbecht	X	–	X	–	X	–	–	–	–	–	X	X	–	–	'Tradition 95' (Kordes, 1995)	Kletterrosen & Rankrosen, Rot
toleriert arme Böden	–23	anmutige, gesunde Rose	X	–	–	X	X	X	–	X	–	–	X	X	–	–	'Albéric Barbier' (Barbier, 1900)	Kletterrosen & Rankrosen, Gelb
guter Gartenboden	–23	elegante, kräftige Rose	X	–	–	X	X	X	–	X	–	–	X	X	–	–	'Alister Stella Gray' (Gray, 1894)	Kletterrosen & Rankrosen, Gelb
toleriert leichte Böden	–29	aufregende Farbgebung	X	–	–	X	–	–	–	–	–	–	X	X	X	–	'Phyllis Bide' (Bide, 1923)	Kletterrosen & Rankrosen, Gelb
toleriert leichte Böden	–29	auch als Strauchrose	X	X	X	X	X	X	X	X	–	X	X	X	X	–	'Ghislaine de Féligonde' (Turbet, 1916)	Kletterrosen & Rankrosen, Gelb
toleriert leichte Böden	–29	leichte, lichte Schönheit	X	–	X	X	X	X	–	X	–	–	X	X	X	–	'Leverkusen' (Kordes, 1954)	Kletterrosen & Rankrosen, Gelb
toleriert leichte Böden	–29	robuste Rose	X	–	X	–	X	–	–	–	–	–	–	X	–	–	'Goldfassade' (Baum, 1967)	Kletterrosen & Rankrosen, Gelb
guter Gartenboden	–23	bezaubernde Rose, regenempfindlich	X	–	X	X	X	X	–	X	–	–	X	X	X	–	'Gloire de Dijon' (Jacotot, 1853)	Kletterrosen & Rankrosen, Gelb
guter Gartenboden	–23	robuste Sorte	X	–	X	X	–	–	–	–	–	–	X	X	X	X	'Compassion' (Harkness, 1974)	Kletterrosen & Rankrosen, Rosa
guter Gartenboden	–23	romantische Märchenrose	–	–	X	X	–	–	–	–	–	–	X	X	X	X	'Bonny' (Nieborg-Kordes, 1998)	Kletterrosen & Rankrosen, Rosa
toleriert leichte Böden	–29	auffällige Erscheinung	X	–	X	X	–	–	–	X	X	–	X	X	X	X	'American Pillar' (van Fleet, 1902)	Kletterrosen & Rankrosen, Rosa
guter Gartenboden	–29	starker Duft	X	–	X	X	–	X	–	X	X	–	X	X	X	X	'Gerbe Rose' (Fauque, 1904)	Kletterrosen & Rankrosen, Rosa
toleriert leichte Böden	–40	robuste Rose	X	–	X	X	–	–	–	X	–	–	X	X	X	X	'Geschwinds Nordlandrose' (Geschwind, 1884)	Kletterrosen & Rankrosen, Rosa
guter Gartenboden	–22	forsche Erscheinung	X	–	–	X	–	X	–	–	–	–	X	X	–	X	'Blairi No. 2' (Blair, 1845)	Kletterrosen & Rankrosen, Rosa
toleriert leichte Böden	–22	bezaubernde Erscheinung	X	X	X	X	X	–	–	X	X	–	X	X	X	X	'Blush Rambler' (Cant, 1903)	Kletterrosen & Rankrosen, Rosa
toleriert leichte Böden	–22	sehr üppige Erscheinung	X	X	X	X	X	X	–	X	X	–	X	X	X	X	'Paul's Himalayan Musk' (Paul, 19.Jahrh.)	Kletterrosen & Rankrosen, Rosa
guter Gartenboden	–30	gesunde, aparte Rose	X	–	X	X	X	–	–	–	–	–	X	X	X	X	'Summer Wine' (Kordes, 1985)	Kletterrosen & Rankrosen, Rosa

Register

Deutsche Bibliothek – CIP-Einheitsaufnahme

Inspirationen für den Rosengarten:
ein Bilderbogen in 101 Themen/ Christiane Büch und Thomas Gehm. - Stuttgart (Hohenheim): Ulmer 1999

ISBN 3-8001-6673-9

Wollgrasweg 41, 70599 Stuttgart (Hohenheim)
Lektorat: Hermine Tasche
Layout und DTP-Produktion: Gabriele Wieczorek
Druck und Bindung: Friedrich Pustet, Regensburg
Printed in Germany